아무도 가르쳐 주지 않는 교직 How & what?

아무도 가르쳐 주지 않는 교직 How & What ?

초판 1쇄 발행 2022년 7월 2일

지은이 김효석
펴낸이 장길수
펴낸곳 지식과감성#
출판등록 제2012-000081호

교정 이혜지
디자인 이은지
편집 이은지
검수 김우연, 이현
마케팅 고은빛, 정연우

주소 서울시 금천구 벚꽃로298 대륭포스트타워6차 1212호
전화 070-4651-3730~4
팩스 070-4325-7006
이메일 ksbookup@naver.com
홈페이지 www.knsbookup.com

ISBN 979-11-392-0527-5(03810)
값 13,000원

• 이 책의 판권은 지은이에게 있습니다.
• 이 책 내용의 전부 또는 일부를 재사용하려면 반드시 지은이의 서면 동의를 받아야 합니다.
• 잘못된 책은 구입하신 곳에서 바꾸어 드립니다.

지식과감성#
홈페이지 바로가기

아무도
가르쳐 주지 않는
교직 How &
what?

김효석 지음

지식감정

프롤로그

이제 교직을 서서히 마무리해야만 하는 시기이기에 지난 24년간의 학교생활을 가만히 돌이켜본다.

발령을 받은 후 처음으로 학교에 출근한 날, 학교에서 유례없이 운동장에서 신임 교사들을 위한 꽃다발 환영식을 성대하게 벌여 주었다. 부끄러운 일이지만 5명의 동기 교사들 중 내가 제일 연장자라는 이유로 엉겁결에 운동장 앞쪽의 단상에서 대표 연설을 맡게 되었는데, 천여 명의 전교 학생들을 보는 순간 심장이 어찌나 쿵쾅쿵쾅거리던지~ 그때 전교생들 앞에서 초임 교사로서 떨리는 마음으로 연설을 하였던 순간이 엊그제 일 같은데….

교사라는 직분이 단순히 수업만 잘하면 되는 줄 알았던 신출내기 초임 교사 시절을 생각하면 웃음이 빙그레 나오지만 그 당시, 아이들을 향한 교사로서의 열정적이었던 모습이 다시금 그리워지기도 한다.

교사란 무엇인가?
교사란 가르치고 배우는 사람이다.
나아가서는, 진정한 교사는 배우고자 하는 지적 호기심이 끝이 없고 가르치려고 하는 열정을 오랫동안 지속해서 펼쳐 나갈 수 있어야 한다. 우선적으로, 배우고자 할 때에는 가르치는 상대의 의견이나 이론을 잘 수용한 다음 자신의 것으로 온전히 이해하고자 하는 수용적인 자세가 앞서야 하며, 그다음으로는 노력과 성실한 자세로 임하여야 하는 것이 당연한 절차이다.

사실, 처음에는 가르치는 자로서만 학생들을 오롯이 대하였지만 그 과정에서 가르치는 학생들로부터 오히려 교사가 더 많이 배우게 된다는 진리를 차츰 알게 되었고, 학생들과의 만남을 통하여 교사가 더욱 성숙하게 되었으며 누구보다도 정말 행복한 24년을 보낼 수 있었음을 솔직한 마음으로 고백한다.

일반 기업체에서 11년간 동안의 직장 생활 이후 다소 늦은 나이에 낯선 교직으로 발을 들여놓은 까닭에, 학교생활에 적응하느라 한동안은 좌충우돌하는 일이 많이 발생하였다.

첫 담임 교사 시절의 시행착오를 비롯하여, 각종 담임 교사 업무와 전문교사로서의 수업 활동 및 교사로서의 일반 행정업무 처리 등에 대한 과정을 경험담을 중심으로 소개하면, 장차 교사를 꿈꾸는 분들과 현재 교직에 몸담고 있는 초임 교사들에게 미약하나마 도움을 줄 수 있지 않을까 싶다. 따라서 이러한 심정으로, 본 『아무도 가르쳐 주지 않는 교직 How & What ?』을 출간하게 되었으니, 모쪼록 교직 생활을 해 나가는 과정에 있는 여러 선생님께 조그마한 도움이 될 수 있기를 진심으로 기원한다.

- 구장산 아래에서
아름다운 추억을 되새기며 김효석

차례

프롤로그 · 4

I 장. 담임 교사로서의 업무 · 11

1. 첫 출발	12
2. 학급 경영 방침	18
3. 첫 담임	22
4. 만물 상회	25
5. 학생 상담	28
6. 가정 방문	32
7. 왕따 문제	36
8. 아침 조회	41
9. 신학기 준비	44
10. 교실 정리 정돈	47
11. 3년 담임 vs 1년 담임	51
12. 기억에 남는 선생님	55

II장. 전공 교과목 교사로서의 업무 · 59

1. 인생의 설계자	60
2. Convergence(융합)	71
3. 만능 Entertainer	75
4. 협동학습	80

5. 동아리 활동	89
6. 온라인 원격 수업	92
7. 교육 과정 재구성	98
8. 전문적 학습 공동체	102
9. 마지막 수업	106
10. 수업 윤리	110

Ⅲ장. 부서 업무 분장 및 학교 행정 업무 · 115

1. 행정가로서의 출발(행정업무 총론)	117
2. 행정가로서의 실무(행정업무 각론)	120
3. 사업 계획서 작성	127
4. 교직원 갈등 관리	131
5. 사립 vs 공립	135
6. 교직의 자율성과 대관청 업무	138
7. 교직원 커뮤니티	143
8. 업무포털	148
9. 일을 처리하는 태도	151
10. 스승의 날 행사	155

Ⅳ장. 기타 교육 활동 관련 업무 · 161

1. 감사 노트 작성	162
2. 긍정적 사고 훈련	165

3. 생활 지도(사제 동행) 173
4. 교육에는 왕도가 없다 177
5. 학생들과의 소통 종류 180
6. 양복 정장 vs 캐주얼 복장 183
7. 교직을 해서는 안 되는 사람 - 관계, 공감 능력 186
8. 교외 체험 활동 189
9. 봉사 활동 193
10. 손 편지 199

V장. 학급 경영 및 수업 참고 양식 · 209

1. 학급 구성원 1인 1역할 210
2. 학생 신상 파악 및 연락처 211
3. 나의 다짐 계획서 〈담임 교사용〉 결심 문장 만들기 212
4. 나의 다짐 계획서 〈학생용〉 결심 문장 만들기 213
5. 진로 희망 사항 및 진로 관리 양식 214
6. 진로 결정 및 직업 희망분야 조사 215
7. 학급 경영 사안 조사 216
8. 자기 자신을 객관화하기(내가 보는 나) 217
9. 자기 소개 및 공통점 파악하기(꼬마 출석부 작성하기) 218
10. 감사 노트 작성 219
11. 학급 온도계 220
12. 진술서(사실 관계 확인서) 221

13. 자성 예언	222
14. 쪽지 상담 자료(3월)	223
15. 자기소개서 양식	224
16. 학급 규칙 세우기(학급 회의록) 양식	225
17. 신학기 초 사물함 명찰	226
18. 20년 후의 일기 쓰기	227
19. 원소 주기율표 친해지기	228
20. 수업 설문 조사	229

에필로그 · 230

I장.
담임 교사로서의 업무

1. 첫 출발

　새 학년 업무 분장 발표가 나는 날이면 각 부서 업무 분장 발표에 이어서 담임 발표를 하게 된다. 그 순간 제일 먼저 떠오르는 생각이 있다면 우선, '내가 맡게 되는 학급의 경영을 어떻게 할 것인가'라는 구상을 머릿속으로 재빨리 전체적으로 그려 보게 되는 것일 것이다.
　경영이라는 단어의 사전적 의미가 '자원을 효과적으로 이용하여 목표를 달성하는 일 또는 활동'이라면 학급 경영도 크게 다르지 않을 것이라고 생각한다. 즉, 학년 초 학급의 자원(Resource)을 최대한 효율적으로 활용하여 학년말 학급의 목표에 맞게 소기의 성과(Result)를 달성하는 것이다. 여기서 말하는 자원이란, 학급을 구성하는 구성원인 학생일 수도 있고 새로운 학급의 교실 내에 있는 TV, 사물함, 냉난방기, 책상과 의자 등 모든 학급 비품을 포함할 수도 있다.

　담임으로서 학급 경영 시 제일 먼저 하는 일이 이와 같이 큰 그림을 전체적으로 그려 보는 것이라면 두 번째 단계는 학급 경영 계획서를 구체적으로 작성해 보는 과정일 것이다. 일반적으로는 학년 초에 학급 운영 계획서라는 것을 작성한 후 제출하게 된다. 그러나 '운영'이라는 어감은 '기업에서 물질적인 성과를 도출하기 위해서 하는 일이나 행동'이라는 뜻이 내포되어 있고 관리자가 일방적으로 한 방향으로만 실시하는 경우가 있기 때문에, 나는 학생들을 대상으로 하는 학교의 모든 일이나 과정은 '운영'보다는 '경영'이라는 용어가 더 적절하다고 본다.

  학급 경영의 구체적인 과제로 첫 번째는, 학급 경영 목표를 잘 수립하는 것이 무엇보다도 중요한 사항이다.
  학년별, 각 학교별로 학급 경영 목표는 달라질 수 있으며, 분명히 다르게 작성해야 한다. 신입생으로 입학한 1학년과 졸업을 앞둔 최고 학년인 3학년의 경우는 물론, 학교 교육 과정의 가장 중간 시기인 2학년을 포함하여 학급 경영 목표는 분명히 각 학년별로 달라야 하며, 모든 학년에서 똑같은 경영 목표로 작성되는 것은 바람직하지 않다. 중등학교의 경우 중학교와 고등학교라는 학교급별로도 달라야 할 뿐만 아니라, 고등학교 종류에서도 인문계 고등학교와 특성화 고등학교에 따라서도 당연히 다르게 작성해야 할 것이다. 또한, 특성화 고등학교 내에서도 대학 진학과 기업체 취업의 목표에 따라서 학급 경영 목표와 내용을 분명히 차이가 있게 작성해야 하는 것은 너무도 당연한 것일 것이다.
  신입생일 경우, 입학 성적과 가족 관계 및 진로 목표 등을 제일 먼저 파악한 후 학급 학생들의 인적 사항, 진로 목표, 연락처 등을 한 페이지로 작성하는 것도 학급 경영 계획서 작성과 앞으로의 학급 경영 시 많은 도움이 될 것이다.

2학년일 경우, 전년도 담임 교사에게 학생들의 관련 자료를 인계 인수받아서 내가 맡게 되는 학생들에 대하여 본격적으로 공부하고 더 알아본 후, 3학년 때를 위하여 진로 준비를 미리 체계적으로 대비하는 것이 중요하다.

  3학년일 경우, 이제는 진로 준비를 매우 구체적이고 철저하게 실시해야 할 것이다. 우선 1, 2학년 담임 교사에게 도움을 받은 후 학생 한 명 한 명의 진로 목표와 진로 목표 달성을 위한 구체적인 실시 방법 등을 정리하여 개학을 준비해야 할 것이다. 그리고 각 학년 공통사항으로 개학 전인 방학 중에 학급 구성원 중 꼭 상담이 필요하다고 판단되는 학생이 있는 경우 미리 전화 상담을 하는 것도 새로운 학급 경영을 위해 좋은 방법 중의 한 가지가 될 것이다.

  또한, 내가 담임을 맡을 때 학년 초에 매년 하는 일 중에 한 가지는 아이들에게 개학식(신입생일 경우 입학식) 날 첫 만남 때 감동을 주는 것이다.

  우선, 내가 맡게 되는 학급 학생들의 이름이 작성된 명렬표와 학생들의 사진을 정리한 사진 명렬표를 A4용지 1장에 나오도록 편집(요즈음은 neis 상에서 학급 사진 명렬표를 다운로드한 후 편집하면 편리함)한 후 출석부에 부착한 다음, 사진과 이름을 서로 대응시켜 학생들을 내 머릿속에 정확히 입력하는 것이다. 그런 다음 개학식(혹은 입학식) 날 학생들을 처음 만나는 교실에서 아이들 한 명 한 명의 얼굴을 바라보며 이름을 크게 불러 주는 것이다!!

그러면 아이들은 처음 보는 담임 교사가 자신의 이름과 얼굴을 정확히 알고 불러 주는 것에 대하여 감동과 함께 믿음이 싹트게 되는 것일 것이다.

무릇 모든 세상사가 다 그렇듯이 좋은 성과는 거저 이루어지는 것은 하나도 없다. input(입력)이 좋아야 output(출력)이 훌륭하게 나오는 것이 아닐까?

학교에 첫날 등교해서 1교시 시작 전인 조회 시간 때, 담임 교사가 본인의 얼굴과 이름을 기억해 주면서 학급 전체 학생들에게 한 명 한 명씩 정확하고 또박또박하게 그 이름을 불러 주고 대답하며 아이들의 눈동자와 운명적인 첫 만남을 하는 그 순간, 담임 교사와 아이들은 이미 신뢰의 마음이 서로 조금씩 싹트게 되는 것이다.

학급 경영의 두 번째 과제로는 앞서 말한 학급 자원을 잘 활용하여 계획을 수행하는 것이다.

우선, 학급 경영에서 담임 교사 다음으로 가장 중요한 주체는 누구일까?

바로 학급의 회장(이전에는 반장)과 부회장(부반장)이라고 감히 단언해 본다.

만일, 학급을 바다를 항해하는 배로 비유한다면 담임 교사는 목표를 향하여 진두지휘하는 선장이 될 것이고 선장 혼자서 그 배를 순조롭게 항해할 수만은 없기 때문에 기관사와 항해사가 필요하게 될 것이다. 이때, 학급의 회장과 부회장이 바로 그 역할을 하게 되는 것이라고 본다.

따라서 담임 교사와 함께 혹은 담임 교사가 바쁜 업무로 부재중일 경우 담임 교사를 대신하여, 학급을 이끌어 가야 할 회장과 부회장은 학급의 명운을 담당하는 중차대한 역할을 수행하는 위치를 가진다. 이 때문에 학급 임원선출은 정말로 학급 경영에서 중요한 일이라고 말할 수 있다.

그러면, 학급의 회장과 부회장은 어떤 사람을 뽑을 것인가?

담임 말을 잘 듣는 학생?

공부를 잘하는 학생?

힘이 센 학생?

…

학급 경영을 하는 교사에 따라 기준이 다르겠지만 객관적으로 판단할 때 학급 전체를 위해 영향력이 있는 사람, 봉사할 줄 아는 학생이라고 생각한다.

학급 전체 학생들을 긍정적인 방향으로 나아갈 수 있도록 하는 학생, 자기 자신만의 이기적인 욕심만 앞세우기보다는 학급 전체의 공동이익을 우선적으로 생각하는 사람이 필요하다. 그러기 위해서는 학급의 또래 학생들에게 영향력을 미칠 수 있는 자질이 있는 학생을 꼭 염두에 두고 신중히 선발해야 한다고 본다.

학급 경영의 세 번째 과제는 학급 구성원 모두에게 1인 1역할을 맡게 하는 일이다.

실제 사례로, 학급 구성원들에게 각자의 역할을 1개월 혹은 한 학기 동안 세부적으로 수행하도록 하는 일로서 교실 출석부 담당, 교실 출입문 관리, 등교 시 체온 측정, 우유 급식 봉사, 분리수거 담당 등등… 소속감과 사명감을 심어 주도록 하는 것이다.

학급 경영의 네 번째 중요한 일로는 학생들에 대한 진로상담과 생활 지도 상담을 끊임없이 지속적으로 실시하는 것이다.

마지막으로 학급 경영에서 또한 중요한 것은 담임 교사의 학급 경영 방침이라고 할 수 있다.

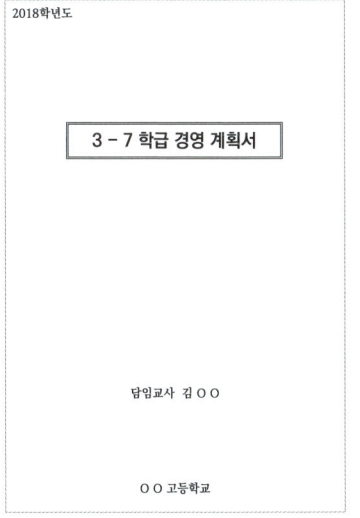
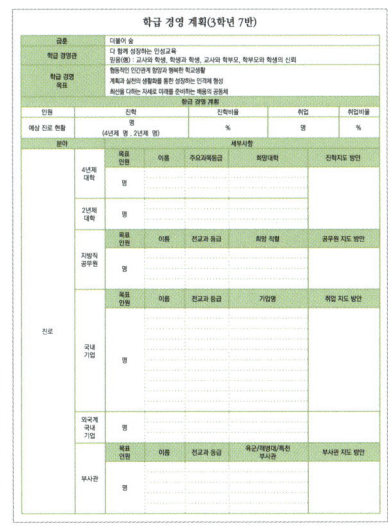

I장. 담임 교사로서의 업무

2. 학급 경영 방침

일반적으로 학급 경영 방침 설명은 신학기 초 개학식(입학식) 날 학생들과의 첫 대면이 이루어지는 첫날 첫 시간에 실시하는 것이 좋다.

내가 맡은 학급 경영 방침을 소개해 보면 첫째, 믿음(信)이다.

학생들은 담임 교사와 우선적으로 신뢰 관계가 절대적으로 형성되어야 한다는 것이다. 학생들은 학교생활에서 우선 담임 교사를 믿고 따라야 하며 담임 교사 또한 자신이 맡은 학생들을 절대적으로 믿고 신뢰하여야 한다.

그러한 신뢰 관계는 학생이 담임 교사에게, 또는 담임 교사가 학생에게 향하는 일방적인 관계가 되어서는 형성될 수 없으며 담임 교사와 학생 상호 간에 함께 형성하여야 한다는 것이 중요하다.

그래서 그러한 신뢰 관계를 만들어 가는 첫 단계는 담임 교사가 학생들에게 먼저 손을 내미는 것으로 무엇보다도 우선적으로 실천해야 하는 것이다.

아울러 여기서 말하는 믿음(信)은 학생이 담임 교사에게 향하는 행위만을 적용하는 것이 아니라, 바로 자기 자신에 대하여 정직하게 생활하는 것(자기의 목표를 위해 매일 꾸준히 실천하는 행동 포함)이 포함되며, 부모님과 친구를 속이지 않는 것 등 모든 것을 포괄적으로 포함하는 폭넓은 신뢰를 뜻한다.

둘째, 부지런한 습관이다.

자신의 목표를 달성하기 위해서는 거창하게 목표만 세우고 실천하지 않으면 아무 소용이 없으므로 자기 자신이 세운 계획에 따라 구체적으로 노력하며 실천하는 것이 더 중요한 것이다.

그래서 담임 교사는 학생들이 세운 목표 달성을 위해 진로 시간과 방과 후 상담을 활용해 수시로 그 과정을 중간중간 점검하거나 조력자로서 함께 도와주어야 한다.

셋째, 즐거운 학교생활이다.

1년 혹은 3년간의 학교생활을 하다 보면 반복적인 일상에 학생들 역시 지치고 힘들어하는 것은 당연할 것이며 학교생활이 즐겁지 않을 수 있다. 그러므로 학교생활을 즐겁게 하기 위해서는 무엇보다도 자기 자신이 먼저 긍정적인 마음 자세를 가지는 것이 중요하며, 학교생활을 즐겁게 할 수 있는 방법을 학생들 개인별로 2~3개씩 정할 것을 권유하고 실천하도록 하는 것이다. 여기서 말하는 '학교생활을 즐겁게 할 수 있는 것'은 동아리 활동일 수도 있고 본인이 좋아하는 교과목과 학교의 각종 활동일 수도 있다. 아울러, 내 마음먹기에 따라서 학교생활이 즐거울 수도 괴로울 수도 있으며, 내 마음이 천국과 지옥을 오가는 것은 내 마음먹기에 달렸다(一切唯心造)는 것을 지속적으로 학생들에게 자각하도록 하는 것이다. 이 또한 학생들에게 무조건 알아서 하라고 맡기기보다는 교사의 솔선수범하는 자세가 중요하다.

　매사에 사물을 바라보는 관점을 긍정적인 모습을 보이면 내가 맡은 학급 학생들이 어느새 같은 방향으로 나아가고 있는 것을 확인할 수 있다.

　담임 교사의 언어와 행동이 매사 부정적일 때 학급 학생들이 학교 생활을 과연 즐겁게 해 나갈 수 있으며 긍정적인 인격체로 성장할 수 있을까?

　이런 면에서 볼 때 전인교육을 담당하고 있는 담임 교사의 역할은 실로 중요하다고 볼 수 있다. 일부 예외적인 경우도 있지만, 학급의 학생들은 담임 교사를 정말 닮아 간다. 담임 교사가 부지런한 선생님이라면 그 반 학생들도 대부분 부지런한 학생들이 많다. 담임 교사가 적극적이고 긍정적인 경우 그 학급 학생들도 수업 시간이나 학교생활에서 대체로 긍정적이고 적극적인 모습을 많이 보일 것이다.

　만일, 지금 이야기한 사례가 확신이 서지 않는다면 지금 내 주위를 바로 비교해 보시기 바란다.

　우리 학교의 몇 반 담임, 몇 반의 학급 학생들은 지금….

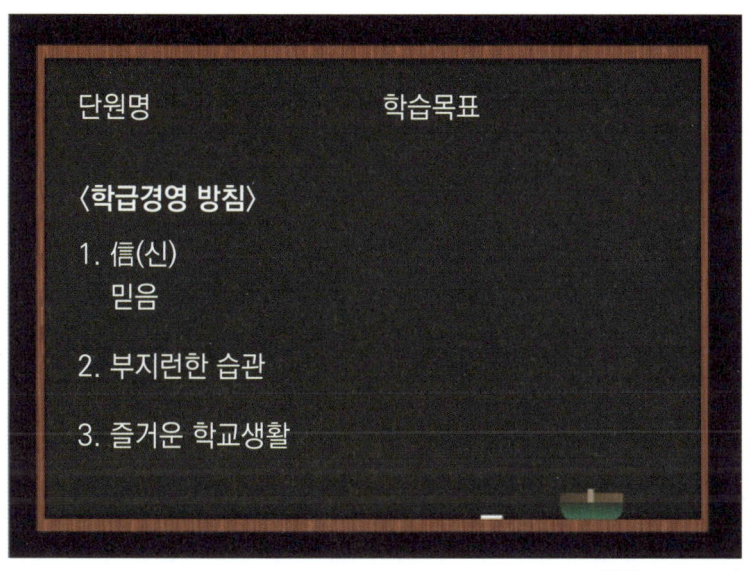

(출처 : pixabay)

3. 첫 담임

내가 담임을 처음 맡은 해는 1999년도로 분명히 기억된다.

보통, 학교에 처음 들어오는 첫해는 담임을 맡지 않고 부담임을 맡는 것이 일반적인 경우가 많은데, 나 역시 부임 첫해는 담임을 맡지 않고 1학년 11반 부담임이 되었다.

처음 학교로 출근하여 교직이 무엇인지도 제대로 알지 못하던 초임 교사이었으니 담임 교사가 어떤 일을 어떻게 수행하는지는 정말 모를 수밖에 없는 실정이었다. 무지에 대한 두려움이 항상 내 가슴을 억누르고 있는 상태여서, 주위의 선배 담임 교사가 학생들을 지도하는 모습을 볼 때는 그야말로 탄성과 함께 감탄사가 절로 나올 지경이었다. '저 선생님은 어쩌면 저렇게 학급 학생들을 자연스럽게 상대하면서 지도를 잘할까?', '지도 비결이 무엇일까?', '나도 다른 선생님들처럼 담임을 맡으면 담임으로서 학급 학생들을 잘 관리할 수 있을까?' 등등… 내 머릿속에는 온통 담임 교사로서의 놀라운 역량에 대한 생각이 하루 종일 떠나지 않고 뱅뱅 맴돌곤 하였다.

그런 가운데, 어느 날 담임 교사가 업무 출장을 가서 부담임 교사인 내가 학급 종례를 실시해야만 하는 날이 왔다.

아마 그 담임 선생님은 오전 수업을 마치고 점심시간이 지나서 출장을 간 것으로 기억하는데, 오후 시간 내내 나의 머릿속은 복잡한 생각으로 혼란스러웠다. '학급 종례를 어떻게 해야 하지?', '교실 청소는 누구를 시켜야 할까?' 등등… 지금도 그때를 생각하면 웃음이 절로 빙그레 나온다.

  더구나, 주위 선배 선생님이나 동료 교사에게 물어본 다음 종례를 하면 그만이었을 텐데도, 그 당시 나는 소심하게도 업무 출장을 가신 그 담임 선생님에게 친절하게(?) 전화를 하여서는 '오늘 청소 당번은 혹시 누구를 시켜야 하나요? 선생님' 하고 출장 업무로 바쁜 담임 선생님에게 5분이 넘도록 친절(?)하게 질문을 하였으니…. 그 담임 선생님은 아무리 출장 중이라지만, 그때 그러한 질문을 전화로 한 신임 교사인 나를 정말 어떻게 생각하였을까? 지금도 그때 일을 생각하면 내 자신의 행동이 너무 소심하고 어처구니없었던 것에 얼굴이 화끈거리는 느낌이 든다.

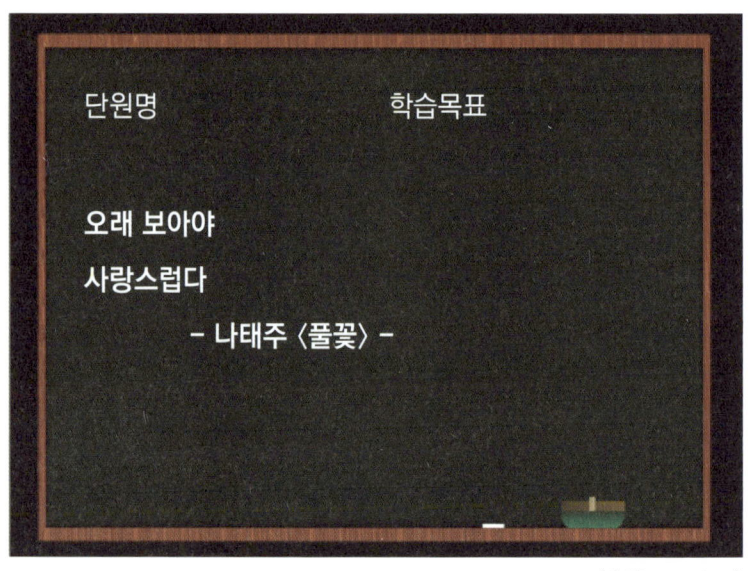

(출처 : pixabay)

4. 만물 상회

드디어 첫 담임으로서 1999년도가 밝았다.

교직에 계신 모든 선생님들도 똑같은 생각일 테지만, 내가 처음으로 담임을 맡은 학급이니만큼 지금도 3월의 그때 그 교실 모습을 잊어버릴 수가 없다.

지금은 교실 난방을 하려고 할 경우 온풍기의 전원 스위치만 누르면 간단히 모든 것이 해결되지만, 그 당시에는 교실마다 난로를 설치하여 난방을 실시하였다. 문제는 교실 난로를 매일 아침마다 어떻게 불을 지펴서 교실 전체를 따뜻하게 데우는가 하는 것이 실로 큰 과제이었다. 또한, 교실 이외에 선생님들이 근무하는 집무실인 교무실은 또 어떻게 해결해야 하는지 그것도 큰 문제이었다.

우선, 지금은 주번 제도가 없지만 그 당시에는 교사별로 1주일씩 돌아가며 주번 교사 업무를 담당하고, 각 학급에도 주번 당번 학생을 2명씩 1주일간 임명하여 실시하는 주번 제도를 행하였다.

주번 학생이 매일 하는 일로는 아침 무렵에 교실의 난로를 피우는 것과 방과 후에 난로의 재를 버리는 일이며 그 외에 교내 전체를 깨끗이 청소하는 환경 봉사활동이 있다.

우선, 주번 교사가 진입로에서 매일 아침마다 일찍 등교하는 주번 학생들에게 난로를 피우기 위한 나뭇단 불쏘시개를 한 단씩 나누어 주면 주번 학생은 그 불쏘시개를 이용하여 각 학급의 난롯불을 지피는 일을 하는 것이다.

그리고 난로의 주된 연료로 사용되는 석탄의 일종인 갈탄(조개탄)을 화덕 난로에 삽으로 몇 번 퍼 담은 후, 조개탄에 불이 활활 붙을 때까지 지극한 정성을 다하여 주번 활동을 수행하는 것이다. 이렇게 일단 한번 불이 벌겋게 붙은 조개탄은 화력이 정말로 대단하며 교실 전체가 어느새 따뜻한 기운으로 채워지게 된다.

그렇다면 이때 갈탄은 어디에 보관하고 있었던가?

각 학급 담임 교사는 보통의 경우 연료인 갈탄을 각 학급 교실의 뒤편에 산더미만큼 큰 통에 쌓아 놓은 후 사용하며 그 과정을 보건대 학급의 학생들이 수시로 삽으로 퍼 담은 다음 난로 뚜껑을 열고 조금씩 넣는 일을 반복하는데, 문제는 갈탄에 꽂혀 있는 생각보다 큰 삽이다.

개학 후 3월의 첫째 주에 나는 교실 뒤편에 쌓아 둔 조개탄 위에 떡하니 꽂혀 있는 문제의 그 큰 삽자루 때문에 마음을 편하게 가누지 못하고 콩당콩당 두근거리는 심장 소리를 들으며 걱정 아닌 걱정을 며칠 간 계속할 수밖에 없었다.

'혹시라도 우리 반 아이들이 교실 내에서 저 삽으로 장난을 치다가 사고가 일어나면 어떻게 하지.' 한번 이런 생각이 들자 근심 걱정이 끊임없이 꼬리에 꼬리를 물고 내 소심한 마음을 계속 흔들어 대고 말았다.

 그래서 고민 끝에 학교 인근에 위치한 말로만 듣던 만물 상회를 방과 후에 찾아가서 가게 사장님에게 자초지종을 설명하고는 드디어 문제의 그 큰 삽자루와 큰 삽을 약 ¼ 크기로 줄이는 데 성공하였다.
 그리고 난 후, 교실 뒤편에 쌓아 둔 조개탄 위에 사뿐히 그 깜찍한 맞춤형 삽자루가 달린 삽을 조용히 올려놓았다.
 그 뒤로 1년간 내가 첫 담임을 맡은 1학년 12반 교실은 신통스럽게도 아무 사고(?)가 없었다.

(출처 : pixabay)

5. 학생 상담

 담임 교사로서 제일 중요한 업무를 한 가지 꼽으라고 하면 그것은 바로 학생 상담이라고 할 수 있다.
 나 역시 담임 교사로서 많은 시행착오를 겪어 왔지만 교무실에서 상담과 지도를 실시할 때는 다음과 같은 몇 가지 사항을 유념하여 상담 지도에 임하는 것이 좋을 것이다. 다음 사항은 여러 가지 경우의 상담 지도 실시 사례를 소개하는 내용이니 참고하시기 바란다.

 첫째, 학생과의 상담 시에는 가능한 큰소리를 쳐서는 안 된다. 더군다나, 담임 교사가 감정이 격한 상태로 먼저 학생에게 크게 화를 내는 것은 가능한 지양하여야 한다. 담임 경력이 많은 교사인지 경험이 적은 교사인지 쉽게 구분하는 방법은 아이들을 상담하는 선생님의 모습을 보면 금방 알 수 있다. 학생들에게 큰소리를 지르거나 화를 크게 내면서 상담 지도를 하는 경우 그 교사는 분명히 아직도 초보자이다. 비근한 예로 학원 강사와 한번 비교해 볼 때 교직이 전문직(professional)인 이유는, 가르치는 수업뿐만 아니라 학생 상담을 할 때에도 이처럼 전문가로서의 자질을 가지고 아이들을 대하여야만 하는 것이기 때문이다.
 학생 상담 시에는 학생이 충분히 납득할 수 있도록 논리에 맞게 차분하면서도 또박또박하게 학생 상담을 주도하는 것이 필요하다. 아울러, 정말로 학생이 반복적으로 잘못을 하여 혼을 내야만 하는 경우에도 상담 말미에는 반드시 아이의 마음을 풀어 주어야 하며 앞으로의 생활을 잘 할 수 있도록 다독거려 줄 필요가 있다.

  이러한 면에서 볼 때, 교사가 단순히 수업만 하는 사람이 아니라 아이들의 전인적인 교육을 이끄는 선생님으로서의 존재인 이유가 바로 이 때문이다.

  둘째, 학생들의 생활 지도를 상담할 때에는 매번 적발 시마다 실시하는 것보다는 최소한 3번 이상 잘못을 한 경우에 한꺼번에 모아서 그 학생을 상담 지도하는 것이 더 효과적이다. 잘못을 저지른 때마다 지도하면 학생들도 만성이 되어서 담임 교사의 말을 잘 받아들이지 못할 뿐만 아니라 학생들의 입장에서, 매번 혼내는 것은 담임 선생님의 포용력이 부족하다고 생각하는 경우가 많기 때문이다. 대승적인 차원에서 한꺼번에 모아서 상담 지도를 실시하기를 추천한다.

  셋째, 학부모와의 상담 사례이다. 이때, 학부모가 학교로 내방하여 상담을 실시하는 경우보다는 전화로 상담을 요청할 때 더욱 조심하여야 한다.

  우선, 담임 교사가 학부모에게 일방적으로 말하는 것보다는 학부모의 상담 요청 내용을 먼저 정중하고 친절하게 경청하는 자세가 중요하다. 대부분의 상담에서와 같이 상담을 요청하는 학부모 역시 그 문제의 해결 방법에 대한 답을 어느 정도는 알고 있을 것이니, 담임 교사는 조력자로서 학부모의 상담 내용을 잘 들어 주고 때로는 학부모의 입장에서 맞장구를 쳐 주기도 하면서 적절하게 응대해 주는 공감 능력이 중요하다. 또한 자세하고 구체적인 상담은 학교 내방 시 대면 상담을 통하여 추가로 실시할 것을 학부모에게 권해 본다.

넷째, 학급 담임을 하다 보면 학생 상담을 통해 학생들의 개인적인 경제사정과 애로 사항 등을 점점 더 구체적으로 자세히 알게 되는데, '담임 교사가 과연 어느 정도 학생들의 고민에 관여해야만 하며 고민 중인 학생의 생활 지도를 나중에 실시할 때 학급의 다른 학생들과 똑같이 절대적으로 공평하게 실시해야만 하는가?'라는 큰 딜레마에 빠지는 경우가 있다. 결론부터 먼저 이야기하자면 아무리 담임 교사라도 학생과의 관계에서는 어느 정도 적당한 거리를 유지하는 것이 좋다고 본다.

학생들의 상황과 고민을 담임 교사가 너무 속속들이 알고 있는 경우에는 사실, 현실적으로 그 학생의 지도를 중립적으로 형평에 맞게 실시하는 것이 정말 어려울 수밖에 없는 경우가 있다. 그렇다고 내가 맡은 학급의 학생을 무조건 수수방관 및 방임할 수만은 없는 일이다. 따라서 담임 교사는 학급의 학생에 대한 내용을 너무 몰라서도 안 될 뿐만 아니라, 너무 깊숙이 잘 아는 것도 학생의 생활 지도를 공정하게 실시하기가 어려울 것이므로 적절한 거리를 유지하는 것이 중요하다.

6. 가정 방문

요즈음은 본인이 맡고 있는 학급의 학생이 3일 이상 미인정 결석(예전의 무단결석)을 할 경우 3일째 되는 날에는 의무적으로 결석 학생의 집을 찾아가는 가정방문을 실시하여야 하지만, 보통 학부모와 전화 상담을 실시하거나 학부모가 학교를 내방하여 담임 교사와 상담을 하게 되는 경우가 대부분이다. 그러나 학부모와 전화 통화를 실시할 수 없거나 학부모가 없는 경우에는 부득이하게 담임 교사가 방과 후에 학생의 집을 직접 찾아가는 가정 방문을 실시할 수밖에 없다.

첫 담임을 맡았을 때 일이다.
○○ 학생이 학교생활에 흥미를 느끼지 못하고 학교를 그만두겠다(자퇴)고 한 다음 날부터 사실상 결석 학생과의 장기전에 돌입하게 되었다.
그 당시만 해도 휴대폰 보급이 되지 않았던 시대이니, 우선 학부모님에게 집 전화로 통화를 해 보았다. 그랬더니 학생이 어제부터 가출을 한 상태로 학부모 역시 학생의 소재를 파악하지 못하고 있었으며 부모로서 노심초사 애를 태우고 있었다. 그래서 방과 후 가출 학생의 집을 수소문하여 가정 방문을 실시하였는데, 관내 지역이 넓고 그때까지만 해도 주위의 지리를 잘 알지 못한 탓에 약간의 시행착오를 치른 다음 겨우 학생의 집을 찾아서 학부모님과 상담을 할 수 있게 되었다.

대부분의 경우 가출을 하게 되면 같은 학급의 친한 친구에게 집 전화를 통해 자신의 소재를 수시로 알리면서 연락을 주고받는다는 사실도 그때 처음으로 알게 되었다. 가출 학생과의 통화를 위해서 절친인 학생의 집을 방과 후에 담임 교사가 함께 동행하여 몇 시간의 기다림 끝에 겨우 통화를 하게 되었는데, 그 후 7일 만에 그 학생은 무사히 집으로 돌아왔을 뿐만 아니라 학교로 다시 등교를 하게 되었다. 물론 그 이후 그 학생은 2, 3학년으로 진급하여 졸업을 하게 되었으며 요즈음도 SNS를 통하여 근황을 서로 연락하며 잘 지내고 있으니 참으로 감사할 따름이다.

그래도 이 학생의 경우에는 학부모의 걱정과 적극적인 협조로 잘 마무리된 사례이며, 대개는 가정 방문을 가 보면 약 4가지의 경우가 생기게 된다.

그 첫 번째의 경우, 학부모와 전화 통화를 실시할 수 없다가 막상 가정 방문을 하게 되었을 때 학부모와의 대면이 이루어지는 경우로서 이것은 그래도 천만다행이라고 생각한다. 학부모로부터 결석을 하고 있는 이유에 대해서 듣고 난 후 학부모와 함께 이 문제를 고민하고 해결할 방안을 함께 모색할 수 있다면 조금은 희망이 있어 보인다.

두 번째의 경우, 학부모와 대면이 이루어지는 데 성공하였지만 학부모가 학생의 결석에 동조하거나 아이의 뜻에 이기지 못하고 더 이상 학교 등교를 포기하는 경우가 있다. 이럴 경우 담임 교사는 설득을 당연히 해 보지만 거의 대부분 부정적인 결론이 나오게 되는 경우가 많이 발생한다.

세 번째가 실제적으로 가정 방문이 꼭 필요한 학생인 경우이다. 즉, 학부모를 만나지 못하고 학생만 집에서 있는 경우인데 앞으로도 계속적으로 결석을 할 예정이며 학교 다니는 것을 포기할 때이다.
이러한 경우에는 보통 가정 환경이 열악한 경우가 많으며 학생과의 진지한 상담을 통해 결석을 하는 이유를 들어 보고 우선은 학교에 등교할 것을 권한 다음 보호자와의 통화 혹은 면담을 추후에 실시하여 학생과의 상담을 다시 실시할 것을 권한다.

네 번째는 최악의 경우로서 학부모와 학생을 모두 만나지 못하고 연락이 되지 않는 때인데, 담임 교사로서는 정말 고민이 되고 안타까운 경우라고 할 수 있다. 이럴 때는 우선적으로 경찰에 실종 신고를 먼저 한 다음 내용 증명을 3회 발송한 후 절차에 따라서 결석한 학생을 부득이하게 처리할 수밖에 없는데, 학생의 소재는 그 뒤로도 계속적으로 파악하도록 한다.

7. 왕따 문제

학급 담임 업무를 수행하는 과정에서 다른 어떤 일보다 가장 우선 순위를 두고 실행해 나가야 할 내용으로서 학급 경영을 할 때 담임으로서 정말 중요한 업무이다. 실제로 왕따 문제는 한 인간을 파멸로 이끄는 엄청난 폭력 행위로서 학교 교육을 통하여 반드시 이러한 일이 발생하지 않도록 우리 교육자는 소명감을 가지고 생활해 나가야만 한다.

우선, 왕따 문제를 방지하기 위해서 담임 교사는 다음과 같은 업무 내용을 평소 학급 아이들에게 실시하여야만 하며 다른 업무와 마찬가지로 사후 조치보다는 왕따 문제의 예방을 위한 담임 교사의 사전 노력이 더욱 중요하다.

첫째, 신학기 초 담임 교사의 학급 경영 방침 소개 시 학급 내에서 힘이 약한 학생들을 괴롭히는 왕따 행위는 정말로 학생으로서 해서는 안 될 행동이며, 만일 이러한 일이 적발될 경우에는 교칙에 의해서 절대로 용서하지 않겠다는 것을 엄중하게 강조하여야 한다.

둘째, 왕따 피해를 당하거나 괴롭힘을 당할 경우 그냥 참거나 망설이지 말고 담임 교사에게 즉시 알려 줄 것을 조회 시간이나 종례

시 수시로 상기시키는 것이 중요하다. 특히, 담임 교사는 항상 학급 학생들에게 힘이 되고 믿어 주는 존재인, 네 편이라는 신뢰를 심어 주는 것이 필요하다(이때, 교무실로 직접 신고하는 방법보다는 담임 교사의 e-mail이나 휴대폰으로 연락하도록 독려).

셋째, 담임 교사의 학급 경영 방침 중 더불어 사는 협동관계를 강조하면서, 우리 학급과 우리 학과 내에서는 자신보다 힘이 약한 친구들을 괴롭히는 왕따 행위가 절대로 발생하지 않도록 평소 수시로 반복적인 훈화를 실시한다.

넷째, 최소 월 1회 이상 담임 교사의 쪽지 상담을 통하여 왕따 문제를 수시로 사전 예방하는 노력이 필요하다.

그리고 왕따 문제가 발생한 경우에는 설문 조사를 통하여 더욱 철저하게 추가 내용을 자세하게 실시하여야 하며 조사 시에는 피해 학생이 누구인지 공개되는 일이 없도록 각별히 유의하여 업무를 추진하여야만 한다.

만일, 이러한 왕따 문제를 별로 중요한 일로 생각하지 않거나 학급을 맡은 담임 교사가 등한시할 경우, 최악의 경우에는 왕따를 당한 학생이 절망하여 해서는 안 될 자살 행위로까지 이어질 수도 있다. 상황에 따라서는 밤 24시에도 고민에 처한 학생이 상담을 요청해 올 경우 학생의 전화를 받을 수 있는 자세가 당연히 필요하다.

또한, 왕따 문제를 미연에 방지하기 위해서는 평소 담임 교사의 업무 추진 성격도 중요한 변수일 수도 있다.

내가 맡은 학급 아이들의 행동이나 태도를 평소 조회나 종례 등을 통하여 자세히 관찰하여야만 하며 수시로 쪽지 상담 등을 통하여 학급 아이들의 세계를 예의 주시 하여야 하는데 이를 수수방관하거나 건성으로 담임 업무를 처리할 경우에는 위의 사례와 같은 일이 발생할 수밖에 없는 것이다.

예를 들면 어떤 아이가 왕따 문제를 괴로워하다가, 일과 중에는 학급의 다른 학생들이 누군가 볼지도 모른다는 두려움에서 방과 후에 담임 교사에게 상담을 실시해 줄 것을 여러 번 요청하였으나, 담임 교사는 일과 업무 시간 이후에는 칼퇴근을 하는 것이 보편적이라서 학급 학생의 방과 후 상담을 미실시한 경우를 비슷한 사례로 볼 수 있다. 아마 그 학생과 그 학급의 학생들은 학급 담임 교사를 이렇게 생각하였을 것이다. '아! 우리 담탱이는 우리들에게는 관심도 없고 종례 후 퇴근 시간이 되면 무조건 칼퇴근하는 사람이야!!'

아울러, 담임 교사의 끈질긴 일처리 방식과 같은 평소 지도 습관도 큰 영향력을 미칠 수 있는데 왕따 문제 등의 사건이 발생하였을 때 학급을 맡은 담임 교사가 대충 넘어갈 경우 그 이후부터는 그 학급에서 이러한 일이 계속 반복적으로 일어나게 된다. 반대로, '우리 담임 선생님은 철저한 성격이라서 이번 일도 철저히 조사할 터이고 분명히 그냥 넘어가지는 않을 거야'와 같이 생각하도록 담임 교사가 끈질기게 학생 지도를 할 경우에는 그러한 일은 더 이상 두 번 다시 발생하지 않을 것이다.

또한, 평소 아이들에 대한 담임 교사의 수용적인 태도도 큰 영향을 미칠 수가 있는데, 위의 사례를 비교해 볼 때 최악의 선택을 한 학생에게 담임 교사는 정말로 평소 잘못 지도를 한 경우라고 볼 수 있다.

담임 교사는 교사로서 품위를 지켜 나가면서 평소에는 단호하게 지도해야 하지만, 때로는 누구보다도 자애로운 모습으로 학급 아이들을 포용할 줄 아는 아빠, 엄마의 모습을 보여 주어야 한다. 특히, 진로 문제와 이성 문제 등으로 고민하고 괴로워하는 학급 아이들이 진정한 친구로 쉽게 다가설 수 있도록 수용적인 열린 자세를 평소 아이들에게 진정으로 심어 줄 필요가 있다고 본다.

그래서 아이들의 입장에서 볼 때 고민하고 괴로움에 처한 막다른 상황에서 그래도 나에게 비빌 언덕이 되어 주고 자신의 입장에서 진지하게 고민해 줄 수 있는 내 편인 사람은 바로 우리 담임 선생님이라고 기억할 수만 있었다면 그 아이는 심야 시간인 24시에도 불구하고 담임 교사에게 서슴없이 구원의 손길을 내밀었을 것이 아닐까? 안타까운 일이다.

사례는 가상적인 내용을 소개한 것이지만, 학급 내에서는 이와 같은 극단적인 경우 외에도 학생과 학생 간에 정신적인 괴롭힘이나 여러 가지 따돌림 행동이 발생하는 경우가 있다. 그러니 학급 담임을 맡은 교사는 항상 여러 가지 경우의 수를 대비하여 평소 심사숙고하며 이러한 일이 발생하지 않도록 더욱 철저하게 교사의 업무를 충실히 수행해 나가야만 한다.

(출처 : pixabay)

8. 아침 조회

　담임 교사가 출근 후 제일 먼저 하는 일은 자기가 맡고 있는 학급 교실을 한번 둘러본 다음 새로운 아침을 맞이하는 것이 아닐까?
　담임 교사가 아침에 교실을 둘러보는 것은 여러 가지 의미를 부여할 수 있겠지만 학급 학생들을 일찍 등교시키는 방법의 하나로 활용할 수 있다. 예를 들면, 제일 먼저 온 학급의 아이(아이들 은어로 1빠)에게 따뜻한 코코아 1잔을 담임 교사가 직접 끓여 주기 등등….
　앞쪽 담임 교사 편에서도 언급하였듯이 학급 경영은 거저 이루어지는 것이 아니다. 과수원에 심은 수목(樹木)도 갖은 정성을 다하여 돌볼 때 열매를 잘 맺어 수확을 풍성하게 거둘 수 있듯이 자신이 맡고 있는 학급 아이들을 잘 돌보아야 하는 것은 담임 교사로서 너무나 당연한 일일 것이다.
　아울러, 아침에 학급 조회를 들어가서도 교사가 꼭 지켜야 할 몇 가지 중요 사항이 있으니 참조하시기 바란다.

　첫째, 최대한 밝고 활기찬 모습으로 교실 문을 열고 들어가서는 '좋은 아침!!' 등과 같은 인사를 담임 교사가 먼저 시도하기를 권한다(교사가 학생들에게 실시하는 활기찬 인사는 학생들의 자존감을 살려 주는 첫 번째 활력이며 장차 사회생활을 해 나갈 때 인사의 소중함을 자각하게 함).

 둘째, 학생들과 가급적 일일이 눈인사를 나눈 후 지각 또는 결석 학생이 있는지 인원 파악을 먼저 한다. 그다음 아침 훈화나 전달 사항을 진행할 때 어떠한 일이 있어도 아침 학급 조회 시 아이들을 절대 혼내지 말기 등을 철저히 지켜 나가기를 바란다. 다만, 두 번 세 번 반복적으로 경청하기를 계속적으로 강조하시기를~

 하루의 일과를 여는 첫 시간을 기분 좋게 시작해야 그날 하루 일과를 보람되고 뿌듯하게 보낼 터인데, 아침부터 담임 교사에게 혼이 나면 아이의 입장에서 볼 때 시간적으로는 불과 하루에 지나지 않지만 혼나는 학생 입장에서는 당해 학년인 일 년 전체를 망가트리게 할 수도 있는 일대 큰 사건이 될 수도 있기 때문이다.

 셋째, 학급 전체를 한번 돌아보면서 학생들에게 긍정적인 마인드를 최대한 심어 주기를 권한다―그날의 일정을 아이들과 소통하기, 일찍 등교한 학생 격려하기, 자기 주도 학습 학생 칭찬하기, 학급 아이들에게 활기와 희망을 주기 등―.

9. 신학기 준비

　새로운 학년도 신학기를 맞이하기 위한 준비 사항으로서 아래의 '학급 경영 계획서 작성'은 개학식(혹은 입학식) 전에 담임 교사가 사전에 작성 및 파악하는 일이 필요하며, '학급 경영 계획의 구체적인 수행'과 '학급 경영 방침 작성 및 실시'는 개학식(혹은 입학식) 당일 진로활동 시간을 활용하여 담임 교사가 설명한 후 학생들이 그 취지에 맞게 추진하는 것이 좋을 것이다.
　이때, 담임 교사는 학생들에게 구체적으로 자세하게 설명해 주어야 하며 예시를 들어서 작성 방법을 보여 주는 것도 효과적이다.

1) 학급 경영 계획서 작성
- 학급 경영 목표(학교별, 학년별로 각 학급의 특성에 맞게 수립)
- 학생 신상 및 특성 파악(인적 사항, 진로 목표, 연락처 등을 파악·정리)

2) 학급 경영 계획의 구체적인 수행
- 학급 임원 선출
- 학급 구성원 1인 1역할 선정

3) 학급 경영 방침 작성 및 실시

- 담임 교사의 학급 경영 방침 설명
- 신학년도 나의 다짐 계획서 작성(교사의 작성 예시 포함)

〈예시 1〉 학급 구성원 1인 1역할

〈예시 2〉 학생 신상 파악 및 연락처

〈예시 3〉 나의 다짐 계획서(교사 및 학생)

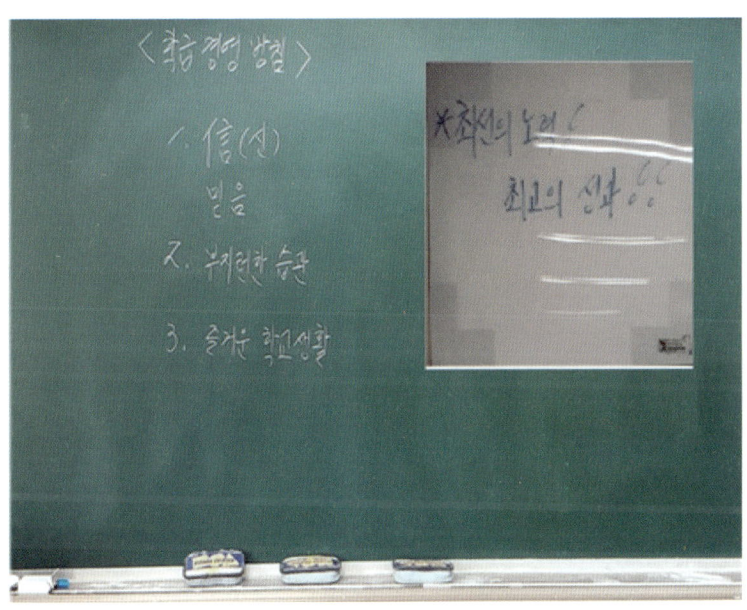

나의 다짐 계획서 〈담임 교사용〉 결심 문장 만들기

2011학년도 1학기 나의 다짐

나의 슬로건
늘 감사하는 마음 !!

2학년에는 1학년보다 의미 있는 시간을 보내고 싶습니다.
나는 교사로서 다음과 같은 다짐을 합니다.

■ 수업시간에(교과 지도)
1. 나는 좀 더 학생들에게 웃음을 주는 노력을 하고자 합니다.
2. 나는 늘 학생들의 입장에서 생각하고자 합니다.
3. 나는 협동학습을 학급당 한 학기에 최소한 2회 이상 하고자 합니다.

■ 담임으로서(생활지도 및 학급 운영)
1. 나는 학생들에게 꿈을 주는 선생님이 되고자 최선을 다하고자 합니다.
2. 나는 2학년 문화탐방과 학교생활에서 학생들에게 즐거운 추억을 전하고자 합니다.
3. 나는 학생들에게 기억에 남는 선생님이 되고자 노력하고자 합니다.

■ 개인적으로(개인생활/ 가정생활/ 학교생활)
1. 나는 늘 감사하는 마음으로 생활하고자 합니다.
2. 나는 건강을 위하여 일주일에 2회 이상 운동에 시간을 투자하고자 합니다.
3. 나는 가족과 부모님에게 좋은 아빠와 좋은 아들이 되기 위해 최선을 다하고자 합니다.

2011년 3월 2일 아이들과 함께 새로운 날을 출발하며
이름: _____ (서명 _____)

10. 교실 정리 정돈

　학교 시설에서 교실은 학생들과 교사들이 하루 일과 중 가장 많은 시간을 공유하는 장소이다.

　교실은 학생들이 공부를 할 때 주의력이 분산되지 않고 집중력을 높일 수 있는 구조가 되도록 교실 내 사물함이나 각종 게시물 부착 등의 배치가 조화롭게 이루어져야 한다.

　또한 어떤 교실을 둘러보기만 하여도 그 학급을 맡고 있는 담임 교사의 성향과 특성을 잘 파악할 수 있다. 일단, 교실 내 비치된 비품인 TV, 사물함, 에어컨, 교탁, 게시판, 분리수거 통 및 청소 도구 등의 종류와 수량은 어느 교실이나 큰 차이가 없지만, 위치와 관리 상태는 그야말로 교실마다 천차만별이다.

　그중에서 담임 교사가 정말로 신경 써야 할 사항은 학급 게시판과 분리수거 통의 관리이다.

　첫째, 학급 게시판은 보통 교실 앞쪽에 배치되어 있기 때문에 학생들의 시선이 하루 중 가장 빈번히 모이는 곳이며 담임 교사가 학생들에게 게시물로 정보를 전달하는 중요한 장소이기도 하다. 그렇기 때문에 담임 교사가 직접 실시하거나 아니면 1인 1역할을 맡은 학생이 수시로 오래된 게시물은 떼고 새로운 것으로 부착하도록 관리해 나가야만 한다.

 둘째, 분리수거 통의 관리이다. 분리수거 통은 대체로 플라스틱류, 종이류, 캔류, 유리 혹은 병류, 우유 팩, 일반 쓰레기 등과 같이 6~7개 종류로 분리할 수 있는데, 1인 1역할을 맡은 특정 학생만 관리하는 것은 거의 불가능하며 학급 구성원인 전체 학생이 다 함께 분리수거를 철저히 실시해야만 하는 영역이다. 이론상으로는 이런 방법으로 하면 분리수거가 잘 이루어질 것으로 생각되지만, 실제 교실 내에서는 잘 이루어지지 않는 것이 일반적이므로 내가 담임 교사로 실시하였던 방법을 소개하고자 하니 참고하여 활용하시기 바란다.

 우선은, 학급의 전체 학생들이 분리수거를 철저히 실시할 수 있도록 조회나 종례 시간을 통해 반복적인 교육을 정확히 하여야 한다.
 이를 위한 방법으로서 학년 초에는 매일 종례 시간에 자원 재활용과 환경오염 방지 차원에서 분리수거의 중요성을 학급 학생들에게 강조함과 동시에 분리수거가 잘되었는지를 정확히 검사하여야 하며, 분리수거가 잘되지 않을 경우 학급 전체 인원이 종례 시간에 분리수거를 다 함께 실시하도록 할 것을 추천한다.
 이러한 경우 대부분의 학생들은 그만큼 종례시간이 길어지기 때문에 그날 이후부터는 분리수거를 잘하는 습관을 익혀 나가게 될 것이다.
 그리고 종례 시간 이외에도 타 교과의 수업 시간이나 점심시간과 같은 일과 중에도 학급 교실이 아무렇게 어질러지지 않도록 학급 회장이나 학급 보안관을 맡은 학생들로 하여금 이를 관리하게 하는 방법을 함께 활용한다면 교실 환경을 깨끗하게 하는 데 큰 도움이 될 것으로 본다.

끝으로 담임 교사가 조회나 종례 시 가장 신경 써야만 하는 것은 교실 수업을 위한 정리 정돈이다. 학급 교실은 담임 교사 한 사람의 조회나 종례를 위해서만 사용하는 곳이 아니다. 각 교실은 담임 교사 한 사람만의 사용 외에도 각 교과목 별로 여러 명의 선생님이 수업을 하기 위해 존재하는 것이다. 학급 교실 정리를 단지 담임 교사 혼자만의 문제로 가볍게 여기고 제대로 관리하지 않는 선생님들이 있는데 이러한 것은 너무 이기적이고 편협한 사고방식이다.

그 외에도 교실 정리 정돈을 잘할 경우 학생들의 집중력 향상과 안정감 상승 및 안전사고 감소 등의 부차적인 교육적 효과도 함께 이룰 수 있다.

그러므로 그날그날 매일 종례 후에 청소 당번 학생들이 내일의 학교생활을 위해 교실을 깨끗이 정리하고 청소할 수 있도록 담임 교사가 관심을 기울이는 것은 너무도 당연한 일인 것이다.

분리수거 참 쉽죠~^^

(출처 : pixabay)

11. 3년 담임 vs 1년 담임

  고등학교 1학년 입학부터 3학년 졸업 시까지 같은 교사가 담임을 연속해서 맡아 3년간 학생들을 지도하는 책임 담임 교사제는 경기도 교육청에서 몇 년 전에 시범적으로 시행하기 시작한 성장 배려 학년제이다.

  하지만, 고등학교의 교육 과정 운영 특성상 학생들이 인문 계열과 자연과학 계열을 선택하여 수업을 듣는 경우에는 1학년 학급이 3학년 때까지 연속해서 유지되기 어렵기 때문에 각 학교의 특성에 맞게, 한 학년 전체를 대상으로 실시하는 것보다는 학년 당 2~3개 학급에만 책임 담임 교사제를 운영할 수도 있다.

  물론, 내가 재직하고 있는 학교에서는 경기도 교육청에서 시범실시하기 이전부터 이러한 3년 담임 제도를 현재까지도 계속해서 시행해 오고 있는 중이다.

  이렇게 3년 담임제를 운영할 경우에는 담임 교사가 학생들의 진로 목표를 달성하기 위해서 3년 동안 꾸준하게 일관된 방식으로 학급 경영 방침을 소신 있게 지도해 나갈 수 있는 큰 장점이 있다. 더불어 기초 학력이 부진한 학생에 대해서는 학력 향상 프로그램 등을 추진하여 학생들의 학습 부담을 덜어 주고 학력 향상을 높일 수 있다. 즉, 학생들의 진로와 학습 측면에서는 여러 가지로 장점이 많은 학급 운영 방식이라고 할 수 있다.

그러나 문제가 되는 것은 담임 교사와 학생과의 관계가 좋지 않은 경우(이를테면 담임 교사의 지도 방침이 학생과 잘 맞지 않는 경우)인데, 학생들과 학부모의 입장에서 볼 때 고등학교에 다니는 때는 학생의 진로에 밀접한 영향을 미치는 중요한 시기이므로 1년도 아닌 3년이란 긴 기간 동안 자신과 여러 가지 측면에서 잘 맞지 않는 담임 교사와 함께 학교생활을 계속하는 것은 학생에게 불행일 수도 있다. 특히, 열정과 책임감이 부족한 담임 교사를 만날 경우에는 학생과 학부모의 불만은 클 수밖에 없을 것이며 지겹고 답답한 심정으로 학교생활을 3년간 해 나가야 한다고 판단하더라도 그 입장을 이해하지 않을 수밖에 없다.

이와는 달리, 1년마다 다른 학급을 맡아 운영하는 1년 담임제의 경우 새로운 학년으로 진급하는 학기 초가 되면 대부분의 학생들과 교사는 모두 새로운 마음 자세로 새 학년을 맞이하게 되고 한 해를 생활하게 된다. 똑같은 담임 교사와 학급 학생들의 관계가 3년간 지속된다면 담임 교사와 학생들 간의 긴장감과 신선함은 어쩔 수 없이 감소될 수밖에 없다.

아울러, 학생들의 성장 발달 과정 측면에서 볼 때 고등학교 과정은 학생의 인격 형성에 지대한 영향을 미칠 수 있으며 학교생활 중 다양한 인격체의 여러 담임 선생님들을 만나고 경험하는 것은 앞으로 살아갈 인생에서 정말로 소중한 일이므로 담임 교사가 학급을 경영할 때에는 이러한 부작용도 반드시 염두에 두고 실시해야 할 것이다.

실제로 3년 담임을 맡아서 학급을 경영해 보면 1년간 담임을 하는 것과 비교해 볼 때 학생들의 성격과 특성 및 진로 문제를 누구보다도 정말로 세밀하게 파악할 수 있게 된다.

그리고 담임 교사로서도 학생들과의 관계가 돈독해질 수 있기 때문에 학생들을 더욱 잘 이해할 수 있으며 교직 생활 중 기억에 오랫동안 남는 제자가 많게 된다.

학생들 입장에서도 3년 담임은 본인의 인생에 있어서 가장 영향력을 준 선생님(멘토)일 수도 있고 어떤 학생에게는 학습 습관이나 인성 함양에 있어서 인생의 큰 전환점을 이룰 수 있도록 계기가 되어 주신 분으로 기억되며 진심으로 존경과 감사의 마음을 느낄 수 있게 할 수도 있다.

12. 기억에 남는 선생님

지금도 마찬가지이겠지만 나의 중·고등학교 시절을 회상해 볼 때 어떤 교과를 좋아하게 되는 것은 보통 본인의 적성과 일치할 때가 많으며, 그 교과를 맡고 있는 담당 선생님이 좋을 경우 그 과목도 좋아지게 되는 경우도 있다. 중학교 때 이후부터 내가 좋아한 과목 중의 하나는 세계사이었다. 그 당시 내가 다닌 학교는 도심지와 시골의 중간에 위치한 반촌의 산 중턱 바로 아래에 위치한 작은 중학교이었는데, 중2 시절 세계사 시간에 종종 야외 수업을 하곤 했다. 그때마다 세계사 선생님은 세계 위인전을 학생들이 돌아가면서 발표하도록 하는 발표 수업을 자주 지도하셨다.

그때 그 세계사 선생님이 너무 좋아서 세계사 과목 시간이 일주일 내내 기다려 질 정도로 나는 세계사에 푹 빠져 버렸다. 특히 그 당시 읽은 로마의 시저, 카르타고의 영웅 한니발, 알프스 산맥을 넘어 러시아를 향한 나폴레옹 등이 등장하는 플루타르크 영웅전을 나는 학교 도서관에서 시간이 날 때마다 방과 후에 읽은 다음, 세계사 선생님 앞에서 발표하던 추억이 있다.

고등학교 은사님이신 음악 선생님은 정말로 학생들을 사랑하신 선생님이었던 것 같다. 지금처럼 음원이나 CD, DVD 등이 없던 시절인데도 불구하고 카세트테이프가 들어 있는 그 무겁고 커다란 라

디오를 손수 손에 들고 다니시면서 교실까지 챙겨 오신 후에는 우리들에게 베르디의 〈아이다〉, 생상스의 〈동물의 사육제〉, 베토벤의 〈운명〉, 비발디의 〈사계〉 등과 같은 세계적인 음악가의 classic 음악을 카세트테이프 레코드로 틀어 주시곤 하셨다. 우리들에게 음악적 교양과 감성을 쌓을 수 있도록 인도해 주심에 늦게나마 선생님께 진심으로 감사의 인사를 드리고 싶다. 그 외에도 중학교 시절의 국어 선생님, 고등학교 때의 수학 선생님을 포함한 많은 선생님들이 나의 학창시절에 정말 열정적으로 크나큰 가르침을 주셨다. 특히 중학교 시절의 은사님이신 국어 선생님께서는 나의 자존감을 성장시켜 주신 분으로서, 그 당시 어려움에 처한 나의 입장을 진심으로 이해하여 주셨으며 푸시킨의 유명한 시 「삶이 그대를 속일지라도」를 조용히 들려주시면서 용기와 힘을 주신 진정한 스승님이셨다.

　이토록 나는 중고등학교 시절 정말로 나에게 큰 도움을 주신 여러 선생님들께 정말 사랑을 많이 받았던 행운아이었다고 생각된다.

　따라서 내가 그 선생님들께 받은 그와 같은 무한한 사랑을 이제는 내가 맡고 있는 우리 학생들에게, 나의 능력이 되는 범위 내에서 맘껏 베풀고 실천하는 것이 바로, 나를 여기까지 인도해 주신 여러 은사님께 진정으로 보답하는 길이며 내가 맡은 아이들에게도 기억에 남을 수 있는 선생님이 되는 길이라고 생각한다.

윤혁 쌤 저 ○○이 입니다.!

고등학교 졸업하고 처음 맞는 스승의 날 입니다.

스승의 날 행사로 편지를 쓴다해 선생님이 기억에 남고 제일 뵙고 싶어서 이렇게 편지를 작성합니다. 제가 고등학교 다닐 때 서른분이 넘는 조퇴와 여러 말썽을 피워서 힘들게 해드리고 이렇게 밖에 해드리지 못해 죄송합니다. 선생님을 고돕게 했던 절 사랑으로 북돋아주고 응원하며 성장시켜 주셔서 감사합니다. 저는 지금 학교 잘 다니고 있습니다. ROTC도 지금 신체검사 합격하면 완전히 합격 입니다. 이 모든 것이 선생님 덕 이라고 느껴집니다. 항상 모든 일에 최선을 다하고 노력하는 ○○이가 되겠습니다.? 사랑합니다!

II장.
전공 교과목 교사로서의 업무

1. 인생의 설계자

　기업체에서 실제로 10년 이상 생활하고 학교 업무를 한 탓인지 모르겠지만 학생들과의 만남인 수업 시간에 나 자신도 모르게 습관처럼 몸에 배인 생각이 있다. 그것은 바로 학생들을 가르치는 과정을, 기업체에서 생산 과정 중의 공정인 변환 과정과 연관시켜 볼 때가 많다는 것이다.

　앞쪽 내용 중 담임 교사로서의 업무에서 잠깐 언급하였듯이, 학급 경영도 한정된 자원을 활용하여 최대의 성과(진로목표 달성)를 도출하기 위한 학교 경영 중의 한 가지라고 할 수 있다. 이때 학생들이 학교에 입학하여 졸업을 하기 전까지 학교에서 생활하는 모든 활동을 변환 과정이라고 볼 수 있으며, 그중에서도 중요한 것은 고등학교 교육 과정의 특성상 각 교과목을 담당하고 있는 전공 교과목 교사가 학생들의 교육 성과를 달성시키기 위한 변환 과정에서 실로 중요한 역할을 담당하고 있다는 사실이다.

　사실 이러한 진실을 학교에 갓 들어온 신임교사 시절에는 잘 깨우치지 못하였지만, 교직 생활을 하면 해 나갈수록 학생 한 명 한 명에 대하여 점점 더 무거운 책임감을 통감하게 된다. 내가 수업 시간에 학생들에게 가르치는 지식과 정보도 중요하지만 수업 시간에 학생들을 대하는 진심과 열정 및 언행도 우리 아이들에게는 정말로 아주 큰 영향력을 미칠 수 있다는 이 엄연한 엄숙함 앞에, 순간순간 깜짝깜짝 놀라면서 나 자신을 채찍질할 때가 많았다는 것은 부인할 수 없는 사실이다.

내 자신이 수업 시간 중에 학생들을 진심으로 대하는 열정과 태도는 학생들의 정규 교육 과정에는 포함되지 않았지만, 실제로는 엄연히 존재하는 잠재적 교육 과정이라고 볼 수 있다. 즉, 우리 학생들은 교사의 행동을 자신도 모르게 조금씩 조금씩 따라 배운다.

실제로 아이들은 교사가 수업 시간 중에 하는 설명 이외에도 교사의 모든 행동 하나하나를 마치 스펀지와 같이 최대한으로 받아들이는 흡수력이 뛰어나다.

학교 재직 중 내가 제일 많은 시간을 맡은 과목이 있다면 바로 공업 화학 교과목이다. 공업 화학의 제1단원에 나오는 원자의 구조부터 제일 마지막 단원 내용인 화학 공정까지의 전공 기초 지식 내용을 가르치는 것도 중요한 일이다. 하지만 교사가 가장 신경 써야 할 것은 학생들이 이 과목을 수업하면서 우선적으로 흥미를 느낄 수 있도록 하는 것이다. 나아가서는 우리 학생들 중 이 과목을 배우고 난 후 앞으로 자신이 공업화학과 관련된 전공(진학 및 취업)을 선택할 수 있도록 해야 한다. 그러므로 교실 수업이나 실험에 임할 때 열정을 쏟으면서 학습 분위기를 끊임없이 이어 나가는 것이 더욱 중요하다.

그래서 아이들이 지루하지 않고 흥미를 느낄 수 있도록 하기 위해 제일 먼저 교과목 재구성을 하여야 하며 본 단원과 관련된 에피소드나 재미있는 일화를 준비하여 수업 시간에 활용하면 아이들의 집중력과 흥미라는 두 가지 토끼를 잡을 수 있을 것이다.

　재직 기간 중 내가 두 번째로 많이 수업을 맡은 과목은 공업일반이다.
　기업체 산업현장에서 현장 근무를 만 11년이라는 기간 동안 경험한 덕분에, 공업일반의 생산관리나 제조 공정 및 안전 관리에 이르기까지의 주요 업무를 실제 경험을 살려 학생들에게 누구보다도 현실감 있게 지도할 수 있었던 것은 나에게는 너무나 큰 행복이었다. 실제로 2년 전에는, 내가 1학년에게 공업일반을 가르칠 당시 수업 시간 중 공업 경영 부분에 매우 관심을 보이면서 질문도 많이 한 학생이 3학년 때 자신의 진로를 공업경영학과 쪽으로 정하고 수시 전형에 최종 합격을 하였던 일이 있었다. 그때 그 아이를 지도한 교사로서 정말로 큰 보람을 느꼈다.
　관련된 실제 사례를 예로 몇 가지 소개하고자 한다.

1) 화학 결합의 원리
　공업 화학의 2단원 내용인 '화학 결합의 원리'에서는 각종 화학 결합을 인생사와 비유하여 이온 결합(양이온과 음이온의 정전기적 인력에 의한 화학 결합)을 청춘 남녀 간의 연애와 결혼과 비유하여 설명하면 좋음.

2) 화학 반응 속도와 화학 평형

공업화학의 '화학 반응 속도와 화학 평형'에서는 반응 속도를 증가시키는 촉매에 대한 구체적인 개념을 낙타 17마리에 대한 아라비아의 상인의 예를 들어 설명하면 정 촉매의 개념(화학반응에 있어서 자기 자신은 변하지 않고 화학 반응을 도와주는 물질)을 설명하는 데 효과적임.

- 촉매 이야기 -

옛날 옛적에 아라비아 상인에게 낙타가 17마리가 있었다.

그 당시 사막 지역에서는 수송 수단으로 낙타가 거의 유일하였으므로 낙타 17마리를 가진 사람이면 꽤 큰 부자인 상인일 수밖에 없었다. 이 부자 상인에게는 아들 삼 형제가 있었는데 이 상인은 나이가 많아서 언제 저세상으로 갈지 모를 상태이었으므로 어느 날 아들들을 모두 모이게 한 다음, 다음과 같은 유언을 하였다.

"만일, 내가 죽으면 재산 문제로 형제들끼리 다투지 말고 내가 남기는 유언장과 같이 반드시 재산을 나누어 가지되, 유언장에 남긴 내용으로 시행하기가 어려울 경우에는 나의 절친 A씨를 찾아가면 꼭 도움을 줄 것이다."

부자 상인은 아들들에게 유언을 한 지 며칠 지나지 않아서 세상을 떠났다. 삼 형제는 아버지의 장례를 성실하게 치룬 후 아버지가 남긴 유언장을 펼쳐 보았는데, 유언장에는 다음과 같은 내용이 적혀 있었다.

"내가 남기는 유언장대로 반드시 재산을 나누어 가지되 낙타를 1마리라도 죽여서 나누어 가진다거나 새끼를 낳아서 분배하는 일 없이 다음 비율대로 반드시 실시하도록 할 것임.

◐ 장남에게는 ½을 상속하노라

◐ 차남에게는 ⅓을 상속하노라

◐ 삼남에게는 ⅑을 상속하노라

(출처 : pixabay)

아들들이 아버지의 유언장대로 재산을 분배하려고 하여도 낙타가 정수로 딱 맞게 나누어지지 않게 되자 아들들은 고민 끝에 살아생전에 아버지께서 하신 말을 떠올린 후 아버지의 절친인 A씨를 찾아가게 되는데, 아들들이 찾아가자 A씨는 다음과 같이 말한다.

"하하하, 너희들이 나를 찾으러 올 줄 알았다. 자, 그러면 내가 가지고 있는 여기 이 낙타를 빌려줄 터이니 반드시 나에게 다시 가져오도록 하여라."

(출처 : 세상에서 가장 오래된 수학 책인 고대 이집트 '린드 파피루스')

그제야 세 아들들은 다음과 같이 낙타를 정확히 나눌 수 있게 되었으며, 분배 후에 남는 낙타 1마리는 아버지의 절친인 A씨에게 다시 되돌려 줄 수 있게 되었다. 이때 이 1마리가 바로 촉매의 역할을 한 것이다!!

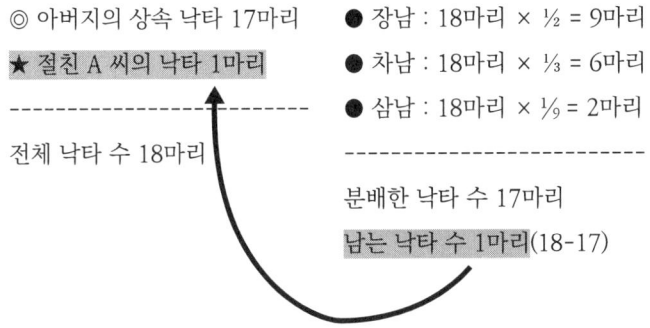

절친 A씨에게서 빌려 온 낙타 1마리가 없을 경우에는 아버지의 유언과 같이 정확히 정수로 분배가 되지 않았다. 하지만 A씨에게서 빌려 온 낙타 1마리로 인해 아버지의 유언대로 정확한 상속이 이루어지게 되었으며 빌려 온 낙타 1마리도 다시 되돌려 줄 수 있게 되었으니 이 낙타 1마리가 바로 촉매의 역할을 한 것이 아니겠는가!!

화학 반응의 경우에서도 이와 마찬가지다. 자기 자신은 화학 반응에 있어서 참여하지는 않지만 화학 반응이 일어날 수 있도록 도와주는 물질인 촉매(Catalyst)을 학생들에게 설명할 때, 적절한 비유로 활용하시기를(Quiz를 낼 경우에도 활용하면 좋으며 소요시간은 3분 정도가 적절함)~

3) 경공업과 중화학공업의 종류 – 경공업 부문

공업일반의 '경공업과 중화학공업의 종류'에서는 경공업 부문에서 우선, 우리나라의 가발 공업과 합판 공업을 실제 사례로 소개해 주는 것이 좋은 예임(천연 자원이 빈약한 우리나라의 실정을 설명하면서 60년대 부녀자들의 머리털을 이용한 가발공업의 제조와 해외 수출 실 사례, 단순 기술인 목재 절단 가공을 이용한 합판 제조 공업에서는 교실 책상 상판인 합판의 강도를 같은 두께의 원목과 비교하며 설명해 주는 사례).

4) 경공업과 중화학공업의 종류 – 중공업 부문

공업일반의 '경공업과 중화학공업의 종류'에서 중공업 부문에서는 우리나라 조선 공업과 전자 공업의 발달 역사를, 화학 공업에서는 우리나라 최초의 석유화학 공업 단지인 울산 석유화학 공단 내 정유 공장 설립 준공식과 관련된 에피소드를 소개해 주면 우리나라 공업의 발달 과정에 아주 큰 흥미를 가지게 될 것임.

◐ 조선 공업

 울산 앞바다에 우리나라 최초의 조선소인 현대 중공업을 설립하기 위해 그리스의 선박왕 오나시스와 영국의 재보험사를 직접 찾아가서 조선소 설립 투자 금액을 받아 쥐게 된, 현대 그룹의 창업주인 정주영 회장의 거북선 이야기 일화

(출처 : pixabay)

◐ 전자 공업

현재 전 세계 반도체 시장에 큰 영향을 미치는 삼성 전자의 반도체 공장 설립을 다룬 삼성그룹 창업자인 이병철 회장의 전설적인 일화를 다룬 일본 반도체 공장 기업체 방문 일화

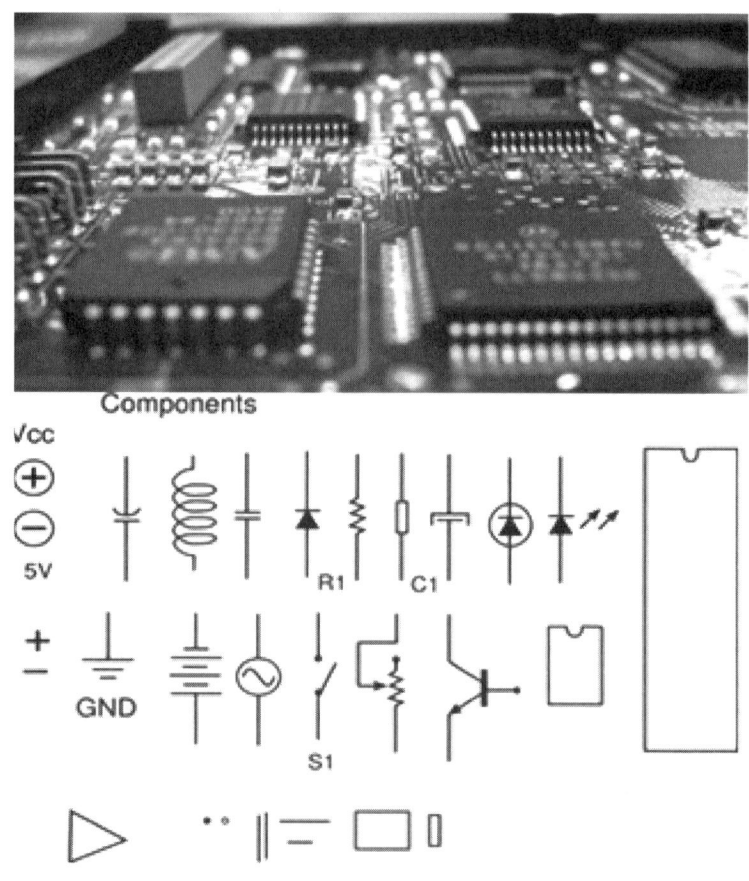

(출처 : pixabay)

◑ 석유화학 공업

1970~1980년대에 걸쳐 우리나라 경제 발전의 기초를 마련한 원유 정제 시설인 울산 석유화학 공장 준공식장에서의 박정희 대통령과 관련된 일화

(출처 : pixabay)

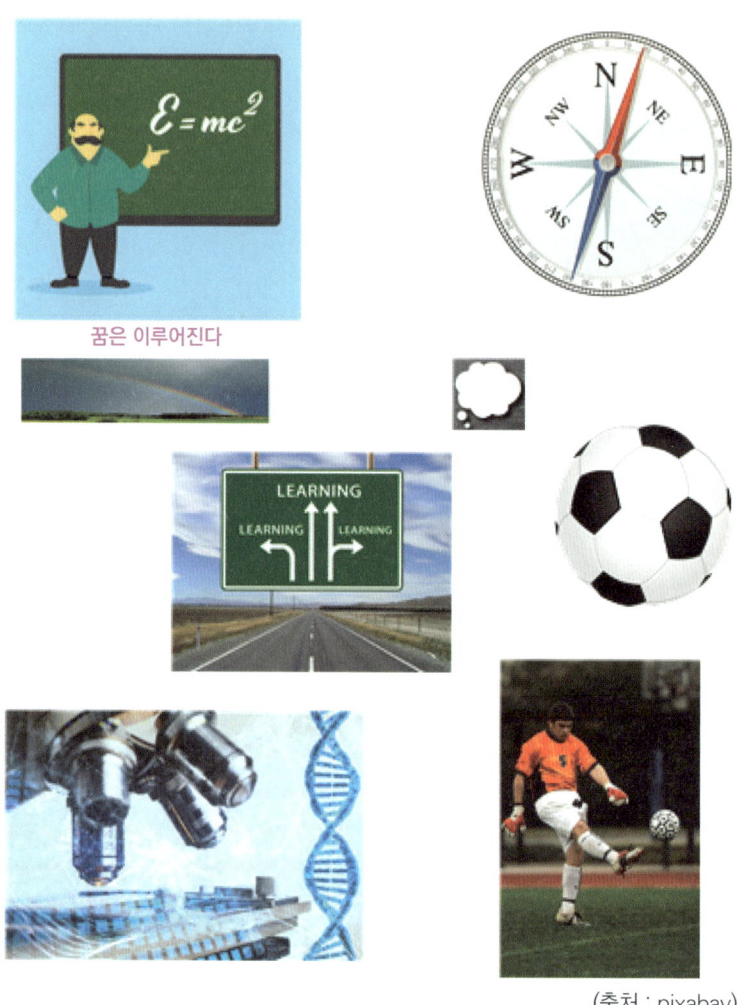

꿈은 이루어진다

(출처 : pixabay)

2. Convergence(융합)

  공업화학, 제조화학, 화공계측분석, 단위조작, 화공계측제어, 공통과학, 발효공업, 식품공업, 환경공업일반, 공업일반, 기초제도, 정보기술기초, 정보통신, 정보통신 기기개발, 문서실무, 사무자동화실무, 정보처리, 화학분석, 반도체 재료….

  학교 부임 후 24년간 근무하는 기간 동안 내가 2번 이상 맡아 가르친 교과목을 소개한 것이다.
  이 중에는 공업화학처럼 장기간에 걸쳐서 지속적으로 맡아 온 교과목도 있지만 공업일반, 기초제도, 정보기술기초 등과 같이 교육 과정상 전체 학과에 걸쳐서 학생들이 공통적으로 배우는 과목도 있다.
  특히, 정보통신 교과목을 처음으로 학생들에게 가르칠 때에는 학생들을 가르친다고 하기보다는 교사인 나 자신이 먼저 전자 회로 등과 같은 익숙하지 않은 영역의 학문 분야에 대하여 우선적으로 공부를 해 나가는 단계를 수행하지 않으면 안 되는 과정을 거쳤다. 그 과정에서 선배 교사나 동료 교사에게 정말로 많은 도움을 받으면서 교재 연구를 이어 나갈 수 있었다.
  사실, 단위조작이나 제조화학 등의 교과목에서 증류탑 등과 같은 화공 장치는 중요한 설비로서 '어떻게 하면 우리 학생들에게 좀 더

쉽게 이러한 장치의 원리를 수업 시간 중 이해시켜 줄 수 없을까'라는 고민을 초임 교사 시절부터 늘 생각해 왔었는데, 전자 회로 기판에 각종 논리 회로 소자를 연결하여 작동하는 것을 알고 난 뒤에야 증류탑과 전자회로 장치를 합쳐서 위와 같은 문제를 해결할 수 있다는 큰 깨달음을 얻게 되었다.

실질적인 수업사례를 통하여 구체적으로 Convergence(융합)를 적용할 수 있는 경우를 소개하고자 한다.

반도체 재료 교과목은 교육 과정으로는 반도체과에 속해 있지만 전자과 혹은 반도체 전공 교사 단독으로 수업을 전적으로 수행하기에는 다소 무리가 있는 과목이라고 할 수 있다. 국내 대학에 개설된 반도체과의 경우에서도 다음 사례의 분야에는 대체로 화학공학 전공 교수가 담당하는 경우가 많다. 그렇기 때문에 반도체 재료의 주요 구성품인 반도체 칩을 제조하는 과정의 대부분이 여러 가지의 화학공정 처리를 거쳐야 하며 웨이퍼 표면에 전자 회로를 정확하게 나타내기 위해서는 리소그래피 공정에서 사용되는 감광제인 PR(Photo Resist)의 특성을 잘 이해하여야만 한다. 실제로 각종 산업의 핵심적 소재로 이용되고 있는 반도체 칩의 발전 과정은 감광제인 PR의 연구 개발과 함께 성장하였다 하여도 과언이 아닐 정도인데 감광제의 제조 과정에서 고분자 물질인 Polymer의 제조 등을 포함한 각종 첨가제(Additives)에 대한 화학적 지식이 필수적으로 뒷받침되어야만 비로소 반도체 칩의 집적도 향상 등을 제대로 이해할 수가 있게 되는 것이다.

따라서 반도체 칩을 제조하는 과정을 예로 들 경우에도, 배우는 학생뿐만 아니라 가르치는 교사의 입장에서도 이를 전자/반도체/화공이라는 학문 혹은 학과의 영역으로 잘게 쪼개는 것은 시대의 흐름 측면에서도 바람직하지 않다고 할 수 있다. 이보다는 오히려, 인접된 유사학문을 서로 합쳐서 전체적으로 통합하는 융합(Convergence)이 더욱 바람직하지 않을까 생각한다.

 Convergence의 사전적 의미를 찾아보면 '하나로 합친다' 또는 '경계가 무너지면서 사실상 하나가 된다'는 포괄적 의미를 갖고 있으며 서로 다른 제품 간, 산업 간 '결합' 또는 '융합'의 의미로 주로 사용되고 있다.
 앞에서 예를 든 반도체칩 생산에서와 같이 화학공학 등의 타 분야를 언급하지 않고 특정 분야인 반도체를 설명하는 것은 불가능하며,

또한 여러 다방면에 걸친 전 분야를 아우르지 않고는 진정으로 우리가 추구하고자 하는 한 분야를 완전히 설명할 수도 없을 것이다. 따라서 우리가 살고 있는 이 시대가 바로 학문 간, 산업 간의 융합이 절실히 필요로 하는 때가 아닐까! 교육 과정의 편성과 운영 측면뿐만 아니라 국가적 차원에서도 다시 한번 깊이 생각해 봐야 할 중요한 사안이다~!!

3. 만능 Entertainer

 요즈음 전국적으로 뜨고 있는 트로트의 인기는 가히 폭발적이다.
 송가인, 임영웅, 한강 등 요즈음 전국적으로 인기 폭발중인 트롯 가수들이 많이 있지만, 인기 중인 〈트롯 매직유랑단〉에 등장하는 트롯 가수 나태주야말로 대한민국을 넘어 해외로 활동을 펼쳐 나가야만 할 큰 인물이라고 본다. 특유의 트롯 실력뿐만 아니라 노래를 부르면서 노래의 흐름이 전혀 끊기지 않을 정도로 태권도 공중회전 발차기를 너무나도 자연스럽게 하는 professional한 모습이 정말로 돋보인다.
 이마에는 땀이 방울방울 맺혀 있지만 시종일관 프로다운 여유로움과 태도—마치 호숫가의 백조가 수면 위에서는 태연한 자세로 자태를 뽐내고 있지만 물 아래에서는 끊임없이 물갈퀴를 휘저으며 동작을 계속해 나가고 있는 모습과 마찬가지인—라고 할 수 있다.

 교사로 처음 발령받기 전까지만 해도 교사는 수업만 하는 사람이라고 생각하였으며 교직을 잘 모르는 대부분의 일반인들도 그렇게 판단하는 경우가 대다수일 것이다.
 그러나 교사의 업무는 수업이외에 담임 업무, 부서 행정 처리 업무, 업무 출장, 동아리 활동, 체육 대회 등등… 실로 여러 가지이며 교사는 만능인이 되어야 한다.

　담임 업무와 학생 지도 시는 학생들의 진로를 좌우하는 중요한 조력자로서의 역할을 수행해야하므로 자상한 부모의 역할과 동시에 때로는 엄격하게 교육 과정을 완수할 수 있도록 해야 한다. 또한 학생들이 나태해질 경우에는 훈육자의 자세로 아이들을 독려하고 잘 할 수 있도록 채찍질하여야 하며, 공문서 발송 등의 부서 행정 처리 업무를 할 때는 행정 업무에 공백이 없도록 세심하고 철저하게 그 업무를 수행해야 한다.

　그리고 체육 대회의 경우에는 교실 수업을 할 때와는 다른 모습을 학생들에게 보여 줄 필요가 있다. 즉, 학생들이 경기와 응원에 집중할 수 있고 체육대회의 흥을 마음껏 즐길 줄 아는 사람이 될 수 있도록 해야 한다. 때로는 함께 춤추고 사기를 돋우기 위해 응원가를 부르는 것처럼 교사가 먼저 열정적으로 솔선수범하여 춤과 노래를 부르면서 학생들과 다 함께 하나로 되는 대동단결하는 자세가 정말로 필요하다고 할 수 있다.

　교과 수업에 있어서는 교과의 전문성을 살려 누구보다도 자기의 교과에 대하여 완벽하고 자신 있게 수업에 임할 수 있어야 하며 수업을 할 때에는 수업을 재미있게 이끌기 위해 때로는 코미디언의 모습을 학생들에게 가끔씩 보여 줄 필요성이 분명히 있다. 특히, 수업을 진행하는 과정에서 교사의 억양과 음성이 일정한 톤으로 계속 이어질 경우에는 듣는 학생들의 반응이 그야말로 최악일 경우가 대부분이다. 과장해서 말하자면 마치 엄마가 아이를 재울 때 들려주는 자장가 소리와도 흡사하다고 할 수 있는데, 학생들의 입장에서 보았을 때에도 똑같은 음의 목소리가 계속 이어질 경우 수업이 시작한 지 얼마 지나지 않아도 벌써 지겹게 느껴지는 것은 당연한 일일 것이다. 결론부터 말하자면 수업 진행 중 교사는 중간중간 끊어치는 기술(!), 다르게 말하자면 중요한 대목을 짧고 큰 어조로 강조하는 것을 여러 번 시도해야 한다. 아이들과 잘 소통이 되는 언어를 사용해서 목소리에 변화를 주는 것이 수업 진행에 효과적이라고 확신한다.

일반적으로, 나 자신도 역시 마찬가지로 신임 교사 시절에는 이러한 수업의 방법에 대해서 별로 중요하게 생각하지 않았던 면이 많았다. 그러나 교직 경험이 쌓이면 쌓일수록 강의를 하는 과정에서 유머를 섞어 가며 아이들과 래포(rapport)를 형성하는 것이 수업을 정말로 재미있고 매끄럽게 잘 진행하게 하는 방법이라는 것을 그 후에 차츰 알게 된 것이다. 그리고 수업 시간에 학생들이 지겹지 않도록 하기 위하여 유머집을 구입하여 독학(?)한 다음 썰렁 시리즈 PPT 등을 만들어 시각적으로 보여 주면 아이들은 정말 열광적으로 응답하는데 이 방법도 수업 중 시도해 봄 직한 방법으로 정말 강추하는 바이다.

이상과 같이 교사의 업무는 실로 여러 가지라 할 수 있겠지만, 위에서 예를 든 바와 같이 정통 트롯 가수의 본업이 노래를 부를 때 춤을 자연스럽게 함께 추는 것과 마찬가지로 교사는 만능

Entertainer로서 업무를 수행해야 한다. 특히 위에서 언급한 교사의 어떤 한 부분의 역량에 그치지 말고 만능 Talent로서의 역량을 하나하나씩 부단히 키워 나가야 할 것이다.

 트롯 가수들이 무대 위에서 각종 춤을 추면서 노래할 때 춤이 어렵다고 하면 관중은, 심사위원은 과연 어떻게 평가하겠는가? 따라서 우리 교사는 본업인 수업을 교실이라는 주 무대 위에서 주 업무로 하면서 담임 업무, 행정 업무, 학생 지도 상담 업무 등 각종 업무를 우선순위에 맞게 동시에 차질 없이 수행해야만 한다.

3학년 8반 학급 담임

업무출장

화학실험 동아리반

제주도 문화탐방~♪♬

이곳은 젊음이 숨 쉬는 곳입니다

(출처 : pixabay)

4. 협동학습

　협동학습이라는 교수 학습 방법을 처음으로 알게 된 때는 내가 교직에 입문한 이후 약 7~8년이 지났을 당시로 기억된다. 동료 교사에게서 협동학습이라는 새로운 교수 학습 방법을 알게 되었을 때 나는 마음속으로 '심봤다'를 외칠 정도로 환호성을 지르며 신세계와도 같은 획기적인 수업 방법에 감탄사를 연발하였으며, 본격적으로는 협동학습 연구회 대표로 활동하고 계시는 김현섭 선생님의 수업을 듣고 난 후부터 협동학습의 매력에 그야말로 푹 빠져들게 되었다. 주지하시는 바와 같이 대부분의 교사가 실시하고 있는 일제 학습 방식은 교사가 전체 학습 집단을 동시에 관리하는 전통적 수업 방식으로 강의식 방법이나 영상매체 활용 수업 등이 여기에 해당한다고 볼 수 있다. 그 장점으로는 많은 학습자를 동시에 교육할 수 있고 특별한 학습 도구 없이 손쉽게 수업을 진행할 수 있는 점이 있으나, 학습자들의 수준이 다르거나 학습 의욕이 없을 때는 제대로 수업을 진행시키기가 어려운 점이 단점이라고 할 수 있다.
　이에 반하여, 협동학습은 학습자 상호 간에 유기적 관계를 유지하면서 학습자가 협동을 하여 공동의 학습 목표를 이루는 수업 형태이자. 학습 효과를 최대로 증진시키기 위하여 학생들 서로가 함께 학습할 수 있도록 소그룹인 모둠을 사용하는 수업전략이다. 즉, 학생 상호 간의 활발한 사회적 상호 작용을 통해 학습 효과를 극대화한 교수 학습 전략이라고 할 수 있다. 보통 교실에서 이루어지는 수업 활동은 학습 내용과 학습 구조의 상호 작용의 결과이며 여기서 말하는 학습 내용이란 '무엇(what)'과 관련된 것으로 가르쳐야 할 내용을 의미한다. 그리고 학습 구조란 '어떻게(how)'와 관련된 것으로 '교사와 학생, 학생과 학생 사이의 상호 작용 방식'을 의미하는 것이다. 아울러, 수업 방법이라고 하지 않고 학습 구조라는 개념을 사용하는 이유는 단순히 '어떻게 가르칠 것인가'라는 수업 기법만을 의미하는 것이 아니라 학습에 있어서 사람과 사람 사이의 상호 작용 방식으로 이해하여야만 하기 때문이다. 즉, 학습 구조란 '학습에 있어서 교사와 학생, 학생과 학생 간의 상호 작용 관계의 방식이나 틀'을 의미한다.

한편, 학생 상호 간의 의존성을 기준으로 볼 때 학습 구조는 개별학습, 경쟁학습, 협동학습 구조로 생각할 수 있다. 협동학습을 잘 이해하려면 구조라는 의미를 잘 이해해야 하는데, 일반적으로 세 가지 학습 구조가 있다. 다른 사람과 내가 아무런 영향을 주고받지 않거나(개별학습 구조), 다른 사람의 성공을 증진시키는 관계이거나(협동학습 구조), 아니면 반대로 다른 사람의 성공을 방해하는 관계(경쟁학습 구조)로 정리할 수 있는 것이다.

전통 수업은 일제 학습이나 경쟁학습 구조 속에서 이루어졌기 때문에 특별히 배우지 않아도 자연스럽게 배워서 할 수 있지만 개별학습이나 협동학습은 교사나 학생 모두에게 실제로 배워 본 경험이 적기 때문에 적용하는 데 많은 어려움이 따른다. 그리고 오늘날 사회는 팀 프로젝트를 원하는 사회구조이다. 팀 프로젝트가 많아지는 사회의 요구에 부합하기 위해서라도 자기 혼자만 공부하고 성취하는 교수 학습법보다는 타인을 인정하며 함께 잘하는 상호 이익 및 협동학습의 필요성이 더욱 강조될 수밖에 없다. 아울러, 협동학습은 개인적인 책임을 강조하면서 모둠원 간에 서로 긍정적으로 의존하게 함으로써 개별학습의 지루함을 또래들의 역동적인 피드백으로 달랠 수 있다. 이를 통해 보다 즐겁게 수업할 수 있으며 모둠 수업의 단점인 소란스러움을 통제하고, 일벌레나 무임 승차자의 구분을 배제하기 위해 각 구성원들에게 역할을 나누어 활동하게 함으로써 동등한 참여를 유도한다. 또한, 활동 중에 사회적 기술을 익혀 역동적인 수업을 하면서도 예의를 지킬 수 있게 하여 즐겁고 적극적인 학업을 유도할 수 있다. 협동학습으로 교실을 체계적으로 운영하려면 무엇보다도 협동학습의 6가지 기본 열쇠를 중심으로 실천하는 것이 꼭 필요하다. 그중에서도 협동학습의 원리와 구조(모형)를 정확히 이해하는 것이 협동학습의 성공적인 필수 요소라고 할 수 있으므로 다음과 같이 간략하게 정리해 본다.[1]

---

1 『아이들과 함께하는 협동학습 2』, 김현섭 외, 협동학습연구회, 2005 참고

1) 협동학습의 6가지 기본 열쇠
- 모둠구성
- 모둠원들끼리 협동하려는 마음 심어 주기
- 교사의 수업운영 기술
- 사회적 기술
- 기본원리 이해 및 응용
- 협동학습 구조(모형)

2) 협동학습의 기본 원리(긍개동동)
- 긍정적인 상호 의존('나의 성공이 너의 성공이야')
  ▶ 다른 사람의 성과가 나에게 도움이 되고 나의 성과가 다른 사람에게도 도움이 되게 하여 각자가 서로 의지하는 관계로 만드는 것(협동학습은 공동의 학습 목표를 이루기 위해 함께 학습하도록 하는 것이며 이를 위해 학습자가 서로 협동하지 않으면 학습 목표나 과제 자체를 이룰 수 없도록 의도적으로 구조화시킨다)
  ▶ 모둠이 성공하려면 구성원 개인 모두의 노력이 반드시 필요하다는 것과, 나와 다른 사람과의 관계를 유기적으로 엮어서 학습에 있어 나의 성공이 다른 사람에게 실질적인 성공으로 이어질 수 있도록 하는 것
  ▶ 모둠 과제를 완성하기 위해 모둠 구성원 모두에게 각각 고유의 역할, 과제 등이 정해져 있으며 공동의 목표를 이루기 위해서

공동의 운명을 지녔다는 자연스러운 공동체 의식을 가지게 하고, 나의 일이 남에게 도움이 되면서 남의 일이 나에게 도움이 된다는 사실을 통해 자신에 대한 긍정적인 책임감과 자신감을 갖게 만듦

◐ 개인적인 책임('개인의 책임과 역할을 보다 분명하게')
▶ 학습 과정에 있어서 집단 속에 자신을 감추는 일이 없도록 개인에 대한 구체적인 역할을 제시하고 그에 대한 책임을 묻는 것
▶ 기존 조별 학습 활동이 주로 모둠(집단) 단위로 이루어지다 보니까 모둠(집단) 속에 개인이 숨는 경우가 발생하여 무임 승차자, 일벌레, 방해꾼이 발생
▶ 개인적인 책임을 강조하기 위한 방법 사용 - 모둠 전체 보상과 개인 보상을 동시에 실시하여 개인의 역할에 따른 분명한 책임을 지우게 함

◐ 동등한 참여('누구에게나 참여할 수 있는 기회와 역할을')
▶ 누구나 학습 활동에 참여할 수 있는 기회를 동등하게 부여하고 역할과 책임도 각자에게 동등하게 나눔
▶ 학습자 모두가 적극적으로 참여할 수 있도록 유도하면서 일부에 의해 독점되거나 반대로 참여하지 못하는 일이 없도록 하자는 것
▶ 대화 칩을 사용하여 모둠 토의 시 자신이 이야기하고 싶은 경

우 대화 칩을 한 개씩 책상 위에 내려놓고 이야기하는 방법 사용

- ◐ 동시다발적인 상호 작용('동시에 여기저기서')
- ▶ 현실적으로 제한된 수업 시간 안에 모든 학생들이 적극적으로 참여하여 학습 목표를 이룰 수 있게 함
- ▶ 학습 활동이 동시 다발적으로 여기저기서 이루어질 수 있도록 하는 것

3) 협동학습의 구조 분류(활용 목적과 기능에 따른 임의적 분류)

- ◐ 모둠 세우기
- ▶ 모둠 내에서 모둠원 간에 친밀성을 높이고 같은 공동체 의식을 심어 주기 위한 것
  〈예시〉 창문 열기, 모둠 구호 등

- ◐ 암기 숙달 구조
- ▶ 학생들 간에 함께 암기할 수 있는 구조
  〈예시〉 플래시카드 게임, 퍼즐 맞추기 등

- ◐ 사고력 신장 구조
- ▶ 집단 사고 과정을 통하여 고등 사고를 할 수 있도록 도와주는 구조
  〈예시〉 이야기 엮기, 모둠 문장 만들기 등

◐ 의사소통 기술 구조
▶ 의사소통이 원활하게 이루어질 수 있도록 도와주는 구조
〈예시〉 대화 칩, 하나 둘 셋! 등

◐ 정보교환 구조
▶ 개인이나 모둠이 가지고 있는 지식과 정보를 다른 사람이나 모둠과 나눌 수 있도록 하는 구조
〈예시〉 모둠 인터뷰, 하나 가고 셋 남기, 전시장 관람 구조 등

 실제로 협동학습 초보자의 경우 구조 삽입이라는 방법으로 시도해 보면 좋을 것이다. 즉, 기존 수업에서 협동학습으로 풀어내기 좋은 학습 내용을 선정한 후 그에 맞는 적절한 협동학습 구조를 삽입하여 실천하는 방법을 말하며, 점차 협동학습에 익숙해질 경우 다양한 협동학습 구조들을 학습 단원의 특성에 따라 다양하게 적용해 나간다면 수업을 보다 풍성하게 진행할 수 있을 것이다.
 아울러, 자기가 맡은 교과의 모든 단원들을 협동학습 방식으로 수업을 할 수 없고 그렇게 진행해서도 안 된다. 왜냐하면 단원 내용의 특성에 따라 적절하게 여러 가지 구조를 활용해야지 무리하게 협동학습을 적용하려고 하면 오히려 역효과만 나타날 수 있기 때문이다.
 또한, 같은 학교 내에서 협동학습을 실시할 때에는 전체 선생님이 수업 중에 협동학습에 이용되는 신호(침묵신호, 마침신호, 응답신호 등)나 용어(이끔이, 기록이, 칭찬이, 지킴이 등)를 가급적 통일하여

사용하도록 해야 한다. 왜냐하면 각 선생님마다 서로 다른 용어나 신호를 수업 중에 적용할 경우 아이들의 입장에서는 혼란스러울 수가 있기 때문이다.

(출처 : pixabay)

5. 동아리 활동

학교생활 중 동아리 활동을 소개해 보고자 한다.

90년대 중반까지만 해도 동아리 활동은 학교 교육 과정상 계발활동(진로, 자율, 봉사, 동아리 활동) 영역에 속하였으며 흔히 C.A(Club Activity)라고 표시하기도 하였다. 그러나 최근의 교육 과정에서는 창의적 체험 활동 영역으로 분류되어 일반 교과 활동에서는 배우지 못하는 내용을 실제로 체험 활동을 통하여 학생들이 경험하도록 편성된 것이다.

동아리 활동은 대학 수시 입학 전형에서 입학 사정관들이 중요하게 평가하는 내용 중의 한 가지 요소이기 때문에, 대학 진학을 희망하는 학생들에게는 고등학교 생활을 하는 과정에서 꼭 염두에 두어야만 하는 중요한 활동이다. 대표적인 것이 환경 봉사 동아리와 학교폭력 예방 캠페인 동아리 및 수학·과학 탐구 동아리 등이 있으며, 거의 대부분의 경우 3년 동안 동아리 활동을 지속적으로 실시하는 학생들이 대부분이다.

학생들의 전인적인 성장 측면에서 교육 활동의 본질은 학생의 성장과 발달을 돕는 것에 있다. 그래서 동아리 활동은 일반 교과서에서는 배우지 못하는 부분을 자신의 적성과 흥미를 살리고 실제 체험 활동을 통하여 다양하게 경험하고 체득하는 것이며, 인생을 더욱 풍

요롭고 보람되게 살아가는 방법 중의 하나로 그 가치를 부여할 수 있다고 생각할 수 있다.

그리고 학생들의 동아리 활동을 맡게 되는 교사들의 전공과 취미 생활도 그야말로 다양한 분야이기 때문에 학생들 입장에서도 자기가 경험해 보고 싶은 분야를 선택한 후 전체 과정을 접해 볼 수 있는 기회를 얻을 수 있으니, 이러한 측면에서 동아리 활동의 진정한 의미를 부여해 봄 직하지 않을까?

실제로, 대부분의 학교에서 음악 선생님은 악기를 다루는 분야를 맡고 미술 선생님은 조각과 그림 관련 동아리를 개설하며 전문교과 선생님은 각 전공교과에 맞는 동아리를 운영하고 있다. 또한, 우리 동료 교사들 중에서는 바리스타 동아리 반을 개설하여 학생들에게 바리스타 자격증까지 취득하게 하는 열정적인 선생님도 있으니 동아리 활동 역시 우리 교사가 꼭 수행하여야 할 영역이다.

내가 지도한 주요 동아리로서는 볼링반, 화학 실험 연구반, 바둑반, 공업 영어반 등이 있는데 2개는 스포츠 활동과 관련이 깊고 나머지 2개는 지식 탐구 활동반의 성격과 가깝다고 볼 수 있다. 그래서 나의 의견으로는 학생들의 동아리 활동을 편성 시에는 봉사활동 분야, 지식 탐구 분야, 스포츠 활동 분야 및 각종 취미 활동 분야 등과 같은 다양한 동아리 활동을 학생들이 선택하고 경험할 수 있도록 새 학기 초에 교육 과정을 계획하고 추진하는 것이 바람직하지 않을까 생각한다.

그리고 향후에는 동아리 활동을 단순히 창의적 체험활동 시간에

만 운영하는 데 국한하지 말고, 대학교의 동아리 활동 운영과 같이 학생들이 학교생활 중에 언제든지 마음껏 활동할 수 있도록 해야할 것이다. 이를 위해 동아리 활동 장소와 지원 경비 등을 국가 차원에서 제공할 수 있는 여건을 마련하는 방법을 연구하는 것도 교사로서 고민해 봐야 할 과제이다.

(출처 : pixabay)

6. 온라인 원격 수업

    어린 시절에 읽은 책의 내용으로 어렴풋이 기억된다.

    배경이 되는 국가는 선진국으로, 도심지에서 멀리 떨어진 위치의 외딴 집에서 홀로 있는 한 소년이 갑작스럽게 부상을 당하여 대량의 출혈이 발생하는 긴급한 사고가 발생한다. 출혈이 멈추지 않고 끊임없이 피가 나오자 그 소년은 119 응급 구조대에 다급한 목소리로 도움을 청하는 전화를 걸게 되고, 119 응급 구조대는 소년에게 영상으로 압박 붕대를 사용하여 지혈을 하는 방법을 자세히 알려 주게 되며 얼마 지나지 않아서 헬리콥터를 동원하여 그 소년을 무사히 구조한다는 내용이다.

    위의 사례는 지금 생각해 보건대 화상 통화와 원격 진료를 나타낸 것인데 그 당시로서는 쉽게 상상하기 힘든 부분이 많았지만 요즈음은 우리나라에서도 도서 벽지와 외딴 산골지역에 이르기까지 이와 같은 의료 서비스가 부분적으로 시행되고 있는 것을 쉽게 접할 수 있다.

    그러나 이처럼 공상 과학 영화에서나 나옴 직한 일들이 얼마 전 우리들에게 다가왔다. 지금 우리는 인류가 살아오는 동안에 한 번도 경험해 보지 못한 바이러스와의 전쟁을 치루면서 인간이 이기느냐

지느냐의 사투를 이어 나가고 있다.

 코로나가 처음 발생한 첫해인 2019년과 이듬해인 2020년까지만 해도 알파(α)형 바이러스가 우리 인간에게 공포의 위협으로 차츰차츰 서서히 다가왔으나 2021년도부터는 베타(β), 감마(γ), 델타(δ)형 변이 바이러스로 변종이 더욱 거세게 확산되어 가고 있는 추세이니, 이렇게 진행될 경우 머지않아 오메가(ω)형 변이 바이러스까지 생겨나게 되는 것이 아닐까? 바이러스 확진자 수가 하루 수십 명에서 수백 명을 거쳐 수천수만 명대로 증가함에 따라서 거리두기 단계도 1단계에서 최고 위험 단계인 4단계로 격상되기에 이르렀으니, 학교 수업도 온라인으로 전환된 지 벌써 만 2년(4학기)째를 맞이하고 있다. 2020년 신학기인 3월에는 건국 이래 처음으로 초·중·고 학교 전체를 대상으로 개학이 연기되고 급기야 4월에는 온라인 수업으로 개학을 실시하면서 교육계(에)는 수업방식에서 일대 대전환기를 맞이하고 있는 중이다.

 의료 분야의 원격 진료와 달리 그동안 교육 분야는 어떤 실정이었는가?

 대학 진학을 위한 인터넷 강의(인강)수강 정도에 불과하였지만 이 또한 대부분 강사가 수강생을 향해 단방향으로 실시하는 수업에 지나지 않았을 뿐으로 코로나 바이러스 사태가 발생한 이후 우리는 offline 교실 대신 온라인으로 학생들과 쌍방향 실시간 수업을 원격으로 실시하고 있지 않은가?

 온라인 비대면 원격 수업을 준비하고, 모두들 자신감이 부족한 상태에서 온라인 수업을 처음으로 실시한 당시를 떠올려 본다. 당장 온라인 원격 수업을 시작하여야만 하니 모두들 마음이 바빠진다.

　젊은 교사들과 비교해 볼 때 스마트폰도 능숙하게 다루지 못하는 내가 정년퇴직을 2년 앞두고 있는 시점에서 새로운 수업 방식을 익혀서 수업을 실시하려고 하니, 60대 교사 입장에서는 온라인 수업을 준비하고 따라가는 과정이 초기에는 정말로 힘들었다.

　더욱이 학교에서는 빔 프로젝트를 이용하여 동영상을 촬영할 수 있어서 다행이었지만, 집에서 수업 촬영을 해야 할 경우에는 더욱 난감하였다. 학교에서의 촬영과 달리 집에서는 빔 프로젝트가 없기 때문에 혼자서 하기에는 어려움이 있었다. 그래서 아들과 딸의 도움을 받기에까지 이르렀다.

　우선 학습 자료를 작성한 후 학습 자료를 카메라로 촬영하기 위하여 벽 한쪽 면에 여러 장을 부착한 다음, 내가 설명을 할 때 퇴근을 마친 아들이나 딸이 휴대폰으로 동영상을 촬영하는 방법으로 수업을 준비하였다. 20분가량이나 휴대폰으로 영상을 촬영하려니 초기에는 팔도 아프고 카메라 손 떨림도 심해서 영상의 질도 좋지 않았다. 그래도 그 당시에는 그것이 최선이라 그와 같은 방법으로 촬영해서 영상을 올릴 수밖에 없었다. 그런 과정에서 다른 방법을 생각하게 되었는데, 문제점을 해결하기 위해 그 뒤로는 카메라 삼각대를 사용하여 혼자서 동영상 촬영을 해 보았다. 그랬더니 아들딸의 퇴근 시간에 맞추어 동영상을 촬영할 필요 없이 혼자서도 수업 영상을 무난하게 촬영할 수 있었다. 돌이켜보면, 온라인 수업을 하기 위해서 처음으로 Zoom 사용법을 연수받고 학습 지도안을 준비한 후 1차적으로 수업을 동영상으로 촬영한 다음 2차로 실시간 online 원격 수업을 서툴지만 한 단계씩 진행해 나갔던 기억이 다시금 새롭게 느껴진다. 코로나 이전과 코로나 이후의 사회에서, 우리 일상생활의 각 분야마다 정말로 크게 달라진 점이 한두 가지가 아니다. 일상생활의 거의 모든 분야에 걸쳐 offline에서 online으로 그 형태가 바뀌었다. 기업들의 근무 방식도 재택근무가 더욱 확산되고 각종 연수나 교무 회의도 원격 화상 회의 방식으로 바뀌게 되었으니, 감히 누가 이러한 변화를 사전에 예상이나 하였겠는가!!

한편 학교가 원격 수업으로 전환됨에 따라 교사의 업무량은 그야말로 폭주하게 되었으니, 실시 첫해인 2020년에는 교사의 업무량이 대략 3배 정도까지 늘어났다고 할 수 있다. 교사별로 보통 2~3개 교과에 해당하는 수업을 준비하기 위해 학습 자료와 학습 지도안을 작성하는 일, 학습 자료와 학습 지도안 및 수업 영상을 사전 녹화 후 원격 수업 사이트에 upload하는 일, 사전 녹화 수업 영상을 zoom 프로그램을 이용하여 실시간으로 수업을 실시하는 일뿐만 아니라 담임 교사일 경우 아침마다 학급 학생(혹은 학부모)들을 일일이 전화로 깨워서 아침 조회에 참석하게 하는 일, 학생들의 건강 상태를 점검하기 위해 자가 진단 검사를 실시하라고 독려하는 일 등등….

다시금 지나간 일을 생각해 볼 때 정년퇴직을 불과 2년 앞두고 있는 시점에서, 변화하는 시대에 맞춘 online 원격 수업을 온몸으로 느끼고 실행해 나가는 기회를 가질 수 있었으니 정말 소중한 경험을 하였다고 지금도 생각한다.

그러나 안타깝게도 모든 교사들의 이러한 노력에도 불구하고 우리 학생들의 수업 성취도는 대면 수업 경우와 비교할 때 훨씬 저조한 실정으로 나타나고 있다. 비대면 수업을 받다 보니 학교에서 몸으로 부딪치며 함께 배우는 교우관계와 협동심 및 부지런함 등의 사회적 기술은 현저히 떨어질 수밖에 없는데, 이러한 현실 상황이 정말로 가슴 아픈 일이다.

진심으로 바라건대 우리 모든 국민이 다 함께 코로나 사태를 거뜬하게 극복하여 이전과 같이 마스크를 쓰지 않고서도 일상생활을 마음껏 할 수 있는 그러한 날로 하루속히, 빨리 되돌아갈 수 있기를 간절히 기원해 본다.

7. 교육 과정 재구성

 2025년 고교 학점제 전면 도입이 예상되는 가운데 교사에게 전문성이 더욱 요구되는 시대이다.

 먼저, 교육 과정 재구성에 대한 정의를 설명하는 것보다는 교육 과정 재구성을 실시하여야 하는 이유에 대하여 언급하고자 한다.

 교육 과정 재구성은 왜 실시하여야 하는가?
 첫째, 교과서는 참고 자료일 뿐 절대적인 자료가 아니므로 교과에 알맞은 방법으로 교사별 교육 과정을 재구성해야 한다. 초임 교사나 교육 경력이 적은 교사에게는 교과서가 분명히 기댈 수 있는 언덕이 겠지만 교과서 전체 내용 중 일부 부족한 단원에 대해서는 자신이 직접 창의적인 자료를 다른 곳에서 구해서 보충하는 것이 좋을 것이다. 이렇게 해서 기존 교과서와 교사의 창의적인 자료를 합친 전체 내용을 교재로 사용하는 것이 진정한 교육 과정 재구성이라고 할 수 있다.

 둘째, 한번 만들어진 교과서는 대부분 7~8년 동안 사용되는 경우가 있으므로 적극적인 수업을 실시하기 위해서는 교육 과정을 재구성하여 수업설계를 하여야 한다. 교사의 열정과 노력을 소프트웨어라고 한다면 교육 과정 재구성을 통한 수업설계는 하드웨어이며 수업은 이러한 하드웨어와 소프트웨어가 함께 있을 때 교사의 진정한 수업이 이루어질 수 있다고 판단되기 때문이다.

셋째, 시대의 변화를 교과서가 쫓아가지 못하기 때문에 교과서 진도에만 의존하게 되는 것은 너무 수동적인 태도일 수 있다. 예전에는 10년이면 강산이 변한다고 하였지만 요즈음은 신기술이나 사회의 변화가 1년 전 혹은 1달 전에 비하여 빠르게 변화하는 시대이며, 특히 전문교과의 교과별 내용은 산업 현장의 발전과 비교할 때 그 내용이 너무 뒤처지는 것이 많고 어떤 내용은 20년 내지 30년 전의 방식을 그대로 사용하는 경우도 있다.

넷째, 개인별 수준차가 큰 학생에게는 교육 과정 재구성을 통하여 목표, 내용, 교수학습 방법 및 평가를 다르게 실시할 필요가 있다.

다섯째, 현재 진행되고 있는 4차 산업 혁명과 각종 신기술은 학생 개인별 맞춤형 교육 과정을 가능하게 하고 비대면 온라인 수업의 활성화를 더욱 재촉하게 할 것으로 예상되므로 이에 맞는 교육 과정 재구성이 꼭 필요하기 때문이다.

여섯째, 교육 과정 재구성을 하는 과정에서 교사의 전문적 역량인 전문성을 강화해 나갈 수 있기 때문에 부단히 교육 과정 재구성을 지속적으로 실시해 나가야만 할 것이다.

끝으로 교육 과정을 어떻게 재구성하는 것이 좋을까?

첫째, 어떤 단원을 먼저 하고 나중에 실시하는지의 순서를 교육 과정으로 재구성하거나 유사한 단원끼리 묶어서 재구성을 실시하는 것이 좋을 것이다.

둘째, 협동학습에서 설명한 내용과 같이 단원별로 알맞은 학습 구조나 수업 형태를 적용하여, 보다 풍성한 수업을 전개하기 위하여 교육 과정을 재구성하는 것이 필요하다.

셋째, 전문교과의 NCS 교재와 같이 교과서의 전체적인 내용이 너무 많거나 중복되는 부분이 많을 경우에는 필수적인 단원을 선별하거나 내용을 요약하여 교육 과정 재구성을 실시한 후 수업을 전개해 나가야 한다.

8. 전문적 학습 공동체

　전문적 학습 공동체라는 용어는 수업 모임, 수업 공동체 등 다양한 명칭으로 사용되고 있는데 모임의 활성화를 위해서는 교사들 사이의 친밀감과 함께 마음의 안전거리가 우선적으로 확보되어야 한다고 본다.
　즉, 학교에서 추진하라고 하니 시간 때우기식으로 억지로 형식에 그치는 정도로 실시하는 것보다는, 교사의 전문성에 대한 역량을 높이기 위해 수업을 진지하게 고민하고 자신의 수업의 질을 끌어올리는 방법을 찾기 위해 노력하는 교사들이 자발적으로 모임을 결성하여 지속적으로 운영하여야 한다.
　또한, 전문적 학습 공동체는 반드시 같은 학교 내의 교사들 간에 한정된 것이 아니라 학교 밖에서 실시하고 있는 수업 모임과도 연결해서 실시해 나가는 것도 좋을 것이다.
　이와 같은 사례로, 나의 경우에도 예전에 협동학습을 배우기 위하여 서울대입구역에서 협동학습 연구회의 여러 선생님들과 함께 정기적인 모임을 가진 적이 있다. 이 또한 전문적인 학습 공동체이며, 이 모임을 통하여 수업 방식을 연구하고 선정된 단원 혹은 협동학습 구조에 대하여 서로 돌아가면서 발표하고 협의하는 시간을 가졌다. 돌이켜보건대 그 선생님들과 그렇게 함께한 많은 시간이 나에게 교사로서 살아갈 수 있는 기반을 자리 잡게 함과 동시에, 수업 기술의 자양분을 얻는 데 큰 힘과 계기가 되도록 하는 소중한 시간이었던 것 같다.

학교에서 실시하고 있는 전문적 학습 공동체의 실제 현황을 볼 때, 보통 동 교과 동료 교사들 간에 운영하는 것이 일반적이다. 하지만 교사가 학생들을 대상으로 하는 수업을 1차적으로 참관한 후 2차적으로 수업 참관지를 작성하거나 수업 내용을 함께 토론하는 과정이 대부분 현재 실시하고 있는 내용이다.

그렇지만, 이렇게 운영할 경우에는 교사의 교수학습 역량을 높이는데 여러 가지 문제점이 발생한다.

첫째, 학생들을 대상으로 수업을 실시한 후에 그 내용에 대하여 협의하는 것보다는 동 교과 교사들을 대상으로 수업을 실시할 것을 추천한다. 동 교과별로 어떤 과목이든지 상관없이 선정한 과목과 함께 학습 단원을 설정하여 같은 교과목을 가르치는 교사들을 대상으로 수업을 전개할 경우, 수업 발표를 실시한 교사는 평소 자신이 잘못 알고 있는 개념이나 내용에 대하여 동료 교사들로부터 구체적인 조언을 받을 수 있다.

둘째, 수업을 듣는 동료 교사 입장에서도 자신이 평소 가르치는 개념과 내용뿐 아니라 단원별 교수지도 방법에 대하여 그 선생님의 수업을 통하여 재확인할 수 있는 기회를 가질 수 있다는 것이다.

셋째, 공업일반, 기초제도와 같이 교과 내용이 여러 학과의 전공 교과 내용(디자인, 전자, 반도체, 건축, 토목, 화공, 자동차 등)으로 구성된 과목일 경우에는 전문적 학습 공동체 실시가 더욱 필요하다고 할 수 있다.

우선적으로, 각 전공 교사별로 돌아가면서 자신의 전공과 관련된 단원을 선정하여 현재 그 교과를 담당하고 있는 교사들과 함께 수업 나눔을 실행하는 것이 좋을 것이다.

왜냐하면 이러한 방식으로 전개할 경우 발표자 이외의 다른 교사들도 자신의 전공이 아닌 다른 분야의 단원을 좀 더 세밀하고 정확하게 이해할 수 있을 뿐만 아니라 학생들에게 효과적인 수업을 더욱 펼쳐 나갈 수 있는 역량을 높일 수 있기 때문이다. 이와 같은 실제 사례를 의학계에서 볼 수 있는데, 세부적인 전공이 각자 다른 의사들이 새로운 주제나 테마를 정하여 정기적으로 꾸준히 실시하고 있는 포럼이나 세미나가 대표적인 것이라고 할 수 있다.

(출처 : pixabay)

9. 마지막 수업

몇 년 전부터 생각을 해 오던 사항이다. 오랜 학교생활을 마치고 떠나기 전에 본인의 마지막 수업을 하시던 몇 분의 선생님의 수업을 참관하러 갔을 때의 일인데, "과연 학생들 앞에서 마지막 수업을 하시는 저 선생님의 심정은 지금 어떠하실까?" 하는 의문점이 들곤 하였다.

그러나 막상 내가 마지막 수업을 하기 위해서 교실로 들어섰을 때는 그저 담담하기만 할 뿐 '아이들과 앞으로 이렇게 수업을 하지 못하게 되겠구나!!' 하는 조금 아쉬운 마음이 드는 정도이었다.

내가 학생들과의 마지막 수업을 하던 날은 우연한 일이지만 2021년 한 해를 마무리하는 마지막 날인 12월 31일 금요일이었다.

학급 경영에서도 마찬가지의 일이지만, 학생들과의 수업에 있어서도 첫 시작과 함께 마지막을 잘 마무리하는 것도 중요하다는 것을 평소 강조하는 것이 참다운 교사의 태도이다. 어떤 일을 시작하는 것은 쉽지만 그 일을 끝까지 잘 마무리하는 것은 더욱 중요하다는 사실(有終之美)을, 우리 선생님들은 학급 경영을 통한 학급뿐만 아니라 본인이 가르치는 교과에서도 평소에 늘 강조하는 것이 아무리 지나쳐도 좋을 정도로 중요한 일이다.

보통 어떤 일을 시작할 때는 거창하고 떠들썩하게 시작하지만 실상 그 일을 마치는 시점에서는 흐지부지하거나 대충 끝내게 되는 경우가 많다. 하지만 우리 학생들이 실제 사회생활을 할 때 이러한 잘못된 습관이 몸에 형성되는 것을 방지하기 위한 차원에서도 학급 담임을 맡은 교사나 각 교과목을 가르치는 사람은 이 점을 절대로 그냥 지나쳐서는 안 될 사항일 것이다.

내가 가르치는 학생들과의 마지막 수업!!
어떻게 수업 설계를 할 것인가를 전날부터 고민을 하던 차에 우선, 수업 형태를 협동학습으로 진행하는 것으로 계획을 세웠다.
어쩌면 교단에서 두 번 다시 못 하게 될 나의 수업을 학생들에게 일방적으로 전달하는 강의식 수업으로 실시하는 것보다는, 학생들이 역동적으로 참여하는 모둠별 협동학습이 훨씬 교육적 성과를 달성하는데 합리적일 것으로 생각했기 때문이었다.
그다음으로는 '어떤 단원을 학생들과 함께할 것인가?' 하는 것이 중요한 과제였는데, 한 학기를 실제로 마무리하는 시점에서 특정 단원을 선택하는 것보다는 전체 단원을 대상으로 하는 것이 유리할 것으로 판단되어 공업화학의 Ⅰ단원부터 Ⅴ단원까지의 교육 과정을 학습 내용으로 정하게 되었다.
마지막으로, 그러면 수업의 전체 진행을 어떻게 설계할 것인가? 하는 것이 가장 중요한 핵심 사항이었는데 '공업화학 달인 되기!!'란 학습 주제를 모둠별 학습 과제를 통하여 달성하는 것이었다.

또한, 학습 내용이 교과서 200쪽에 해당하는 방대한 분량이니, 제한된 시간 내에 모둠별 학습과제를 해결하기 위해서는 각 모둠별로 협동하지 않으면 안 될 상황이었다. 또한 정확하고 신속한 해결을 위해서 교과서 맨 뒤편에 있는 '찾아보기'를 반드시 활용해야만 하였으니, 복습 차원에서도 좋은 방법이라고 판단되었기 때문이었다.

총 5개의 모둠으로 진행된 협동학습은 사전에 생각했던 것보다 훨씬 활기차고 내실 있게 수업 시간 내내 진행되었다. 모둠 학습 과제 해결을 위해서 때로는 수업을 진행하는 교사인 나에게 적극적인 질문과 함께 도움을 청하던 우리 학생들의 해맑은 눈동자를 지금도 결코 잊을 수 없다. 2021학년도 종업식을 불과 2시간 앞둔 시점에도 불구하고 수업에 이토록 적극적으로 참여해 준 우리 학생들의 뜨거운 열정에, 진심으로 고마운 마음을 다시 한번 찡하게 느낄 수 있었다. 아울러, 나의 마지막 수업을 이렇게 아름답게 마무리할 수 있도록 바쁜 일과 중에도 불구하고 수업을 흔쾌히 참관해 주시고 진심 어린 축하와 열렬한 격려로 배려해 주신 우리 학교의 모든 동료 선생님에게도 이 기회를 빌려 감사한 마음을 전하고 싶다.

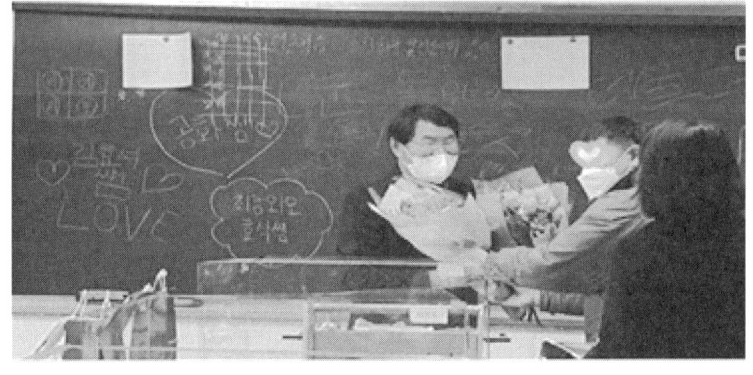

10. 수업 윤리

학생들과 첫 만남을 가지는 학년 초 혹은 신학기 첫 수업 시간에 지금 이 책을 읽고 계시는 선생님께서는 무엇을 하고 계신가요?

방학 동안 미리 작성한 교과진도 운영 계획서에 맞추어 1단원 수업을 바로 시작하고 있지는 않는가요?

그렇다면 지금부터는 이전과는 다르게 수업을 진행하시는 것이 좋을 것이다.

첫째, 학생들과의 첫 수업 시간에는 교과 진도운영 계획서대로 학습 진도를 나가는 것도 중요하지만 그 교과가 가지고 있는 특성과 내용을 우선적으로 아이들에게 충분히 설명하는 것이 더욱 중요하다. 즉, 이 과목이 왜 중요하며 본인의 진로와 어떻게 연계되는지를 구체적으로 설명함과 아울러 교과 지도의 목표를 분명히 제시할 수 있어야 한다는 것이며 또한, 학생들이 숲을 먼저 보고 나무를 볼 줄 아는 자세를 함께 기를 수 있도록 하는 방법을 가르쳐야 한다. 즉, 교과 전체 내용을 1단원부터 마지막 단원까지 개략적으로 소개하고 향후 차근차근 세부적으로 학습하는 것이 필요하다고 설명할 수 있어야 한다.

둘째, 앞으로 1년 혹은 한 학기 동안 교과 목표를 달성하기 위하여 수업을 진행해 나가는 과정에서 반드시 지켜야 할 수업 윤리를 학생들에게 분명히 제시하고 학생들과 공감대를 형성할 수 있어야 한다. 이를테면, 수업 시간 중 휴대폰을 사용하지 않기, 책상에 엎드려 잠을 자는 행위 금지, 수업을 방해하는 행위로 인한 교칙 징계 등등…. 요즈음 각 학교에서 벌어지는 교실 풍경을 잠시 언급해 본다. 밤새도록 게임을 하느라 학교에서는 수업 시간에 아예 대놓고 엎드려 자는 학생이 있는가 하면 그러한 학생을 깨우는 교사에게 짜증을 내는 행동을 할 경우뿐만 아니라 심지어는 잠을 방해한다고 화를 내는 경우도 더러 있다. 이럴 때 우리 교사가 모른 척 수수방관하고 그냥 넘어가야만 하는가~! 참으로 기가 막힌 오늘날 학교 교실의 모습이 아닌가!! 그러므로 우리 교사는 망가져 가는 학교 현장의 방관자가 되지 않기 위해서라도 교육자로서 분명히 정도(正道)를 걸어 나가야만 하는 존재임은 부인할 수 없다.

또한, 이러한 수업 윤리는 단지 어떤 특정 교과 시간에만 지키면 될 사항이 아니다. 본교의 모든 교과와 학생들에게 모두 똑같이 적용되며 전체 교사가 형평에 어긋나는 일 없이 실시하는 것이니, 이러한 수업 윤리를 학생들이 잘 준수할 수 있도록 추가적인 당부도 잊지 말아야 할 것이다.

그러나 이러한 수업 윤리에 대하여 거세게 반응하는 일부의 학생들이 있을 경우에는 해당 학급의 담임 교사와의 긴밀한 협조를 통하여 문제를 하나하나씩 해결해 나가는 지혜도 때로는 필요하다. 첫 시도부터 너무 무리하게 적용하려다 부작용이 심하게 발생하지 않도록 교사의 유연한 태도를 기르는 것도 당연한 자세라고 할 수 있다.

수업윤리(3-10)
○○의 수업윤리
– 수업 시간 자리 이동 금지 – 수업 시간에 음식물 섭취 금지 – 수업 시간에 바른 자세 유지하기 – 수업 시간에는 바른 말 사용하기 – 개인 용무(화장실 등)는 쉬는 시간 이용하기

[독서와 작문 – ○○ 선생님]	[실용영어독해와 작문 – ○○ 선생님]
• 지각 금물! • 졸지 않고 적극적인 참여로 수업의 질을 높이기 • 교과서, 테이프, 형광펜, 볼펜 지참하기 • 친구는 보물! 서로를 '수단'이 아닌 '목적'으로 대하기 • 냉철하게 공부하고 배움의 절정을 느끼기 • 졸업의 끝을 생각하여 절실한 수업을 시작하기	• 수업 시간에 늦지 않기(수업 전 자리 앉아 있기) • 수업 중 사적인 잡담이나 장난하지 않기 • 수업 중 엎드려 자지 않기 • 수업 중 바르게 앉아서 공부 열심히 하기 • 수업 중 화장실 가지 않기 • 선생님 말에 순응하고, 지적을 받으면 우선 인정하기
[기하와 벡터 – ○○ 선생님]	[자동차 기관 – ○○ 선생님]
• 잠자지 않기 • 욕하지 않기 • 책, 노트, 필기구 준비하기 • 숙제 잘 해 오기	• 바른 인이 사용하기 • 안전한 실습 환경 이루기 • 학교의 교육활동을 믿고 지지하기 • 경청과 공감으로 존중의 문화 만들기 • 실습실에서 방해되거나 위험한 행위 금지 • '나 하나쯤이야'보다는 '나 하나라도 꼭 지키자'라는 마음 갖기 • 수업시간에 방해되는 물건을 가져오거나 위험한 행동 하지 않기
[자동차전기전자제어 – ○○ 선생님]	[자동차새시정비, 건설기계구조정비 – ○○ 선생님]
• 서브노트 철저히 확인하기 • 팀별 수업 시 상호작용 유지하기 • 흥미진진하게 경험하여 학습력 증진시키기	• 떠들거나 장난치지 않기 • 아픈 척하지 말기 • 비속어 금지하기 • 쉬는 시간에 매점 가지 않기 • 잠자지 않기 • 준비물 가져오기 • 흥분하지 않기 • 돈거래 하지 않기

(출처 : pixabay)

Ⅲ장.
부서 업무 분장 및
학교 행정 업무

◑ 학교의 사계 ◐

봄　　　　　　　　　　　　　　　여름

겨울　　　　　　　　　　　　　　가을

1. 행정가로서의 출발(행정업무 총론)

　교무부, 학생부, 연구부, 1학년부, 2학년부, 3학년부, 직업 교육부, 상담부, 특별활동부, 행사계(입학·졸업행사 업무), 평가계(지필 및 수행평가 업무), 학적계(전입·전출·자퇴 업무), 장학계(장학금 신청·지급 업무), 성적계(성적처리 업무), 수업계(수업 시간표 작성·변경·처리 업무), 출결계(학생 근태·출결사항 처리 업무) 등등.
　이상 소개한 부서 및 담당계는 학교 업무 수행 시 교사가 처리해야 하는 행정 업무와 관련된 부서 및 담당 업무의 종류를 예로 든 것이다. 처음 학교로 부임한 초임 교사를 가장 어리둥절하게 하고 의아하게 만드는 업무 중의 하나가 지금 언급하는 부서별 업무 분장 업무일 것이다.
　교직 생활을 잘 알지 못하는 대학생이나 학교에 갓 부임한 초임 교사들은 교사의 업무가 학생들을 가르치는 일만 하는 것으로 알고 있었겠지만 막상 본격적으로 교사로서의 직업을 수행하면서부터는 교사가 가르치는 본업 이외에도 각종 행정 업무를 하지 않으면 안 된다는 것을 서서히 알아 가게 되는 것이다.
　일반적으로 일선 학교 조직상으로 위에서 소개한 부서(교무부, 학생부, 연구부, 직업 교육부, 1학년부, 2학년부, 3학년부, 진로 상담부, 방과후, 창체활동부, 교육정보부, 홍보부 등)가 학교별로 약 10

개 내외의 부서가 있으며 교무부의 경우 다시 7~8개의 세부 내용으로 담당 계원 업무가 나뉘어지게 된다.

　부서 행정 업무 중 내용상으로 볼 때 일부는 교사의 업무라기보다는 학교 행정실 업무로 분류하여 시행하여야 하는 업무도 많이 있다. 하지만 현재 우리나라 각 학교의 여건과 조직 특성에 따라서 교사가 부득이하게 그 일을 맡아서 수행하고 있는 것으로 판단하는 것이 일반적인 경우라고 볼 수 있다. 요즈음은 '행정 실무사'라는 업무 보조 요원을 일선의 각 학교 교무실에 배치하여 교사의 행정 가중 업무를 줄이기 위한 노력을 각 교육청에서 실시하고 있지만, 실제 배치되는 인원이 학교 전체 교사의 업무량과 비교할 때 턱도 없이 너무 적은 관계로, 교사들의 행정 업무 감소 성과 면에서 볼 때 학생들의 수업과 진로 지도 등을 맡고 있는 일선 교사들에게는 현재까지도 여전히 별 도움이 되지 않고 있는 실정이다.

　하지만, 학생들의 필수적인 교육 활동을 위해서는 이러한 행정 업무를 교사들이 수행할 수밖에 없는 실정이므로 각 학교 교육 일선 현장의 교사들은 행정 업무 역시 차질 없이 수행하여야 한다.

　그래도 근래에는 컴퓨터의 보급과 업무 전산화로 인하여 행정 업무가 예전에 비해서는 조금 줄어들고 있다. 그럼에도 불구하고 교사들은 하루 일과 중 행성 업무 처리에 많은 시간을 할애하고 있다.

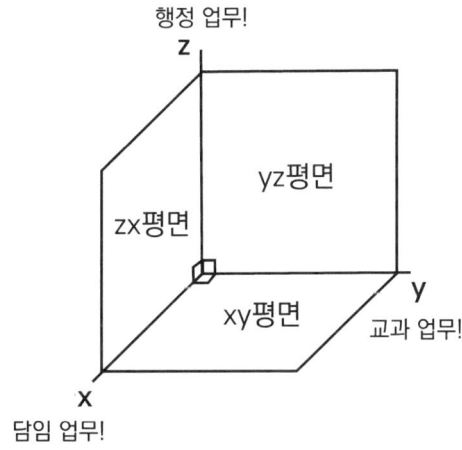

2. 행정가로서의 실무(행정업무 각론)

  교무부를 예로 들 때 교직에 맨 처음 부임하는 신임 교사의 경우 대체적으로 업무 난이도가 낮은 행사계 업무를 맡는 게 일반적이다.
  행사계의 연중 주요 업무는 졸업식과 입학식을 들 수 있으며, 그 밖에 학교 전체의 각 부서에서 실시하는 각종 월중 행사 내용을 각 부서장으로부터 취합하고 보고하거나 학교 전체의 행사를 차질 없이 진행하는 것, 교무부 공문서 접수를 담당하는 일을 맡는다.
  나 역시 90년도 말에 학교로 처음 발령받고 담당한 업무가 바로 행사계 업무였으며 이 업무를 2년간 수행하였는데 지금도 생각해 보면 정말 아득한 옛날의 일이라 추억 속에 잠기게 된다.
  지금은 기업체와 비교해 볼 때 학교 현장이 사무자동화 면에서 많은 발전을 하였지만, 그 당시에는 아직 컴퓨터도 학교 현장에 보급이 되지 않았고 문서를 보관하는 장부 역시 바깥 사회에 비하여 훨씬 낙후된 실정이었다.
  실례로, 일반 기업체에서는 바인더에 펀치를 뚫어서 문서를 보관 관리하였으나 학교 현장에서는 공문서 철은 흑표지를 사용하고 편철은 철끈을 사용하여 보관·관리하였으며 공문서 맨 아래쪽의 문서를 다시 꺼낼 때는 철끈을 푼 뒤에 그 문서를 꺼낸 후 다시 전체 문서를 철끈으로 엮는, 그야말로 불편한 과정을 헤아릴 수도 없이 감내하였으니 지금 생각해도 학교와 기업체와의 문화적 차이점 혹은 문화지체는 그 당시에는 굉장히 컸던 것 같다.

또한, 그 당시에는 졸업식을 돔식 철판 지붕으로 된 강당에서 실시하였으며 행사계는 단상 위 천장 대들보에 졸업식 행사 문구를 간판에 부착시켜 놓아야 했다. 이를 위해 단상 좌우측 끝에서 대들보에 부착할 간판을 밧줄을 이용하여 올리고 내리는 등의 일이나, 강당 내부의 난방을 위해 석탄 화로를 미리 피우는 등 행사 준비 업무를 수행하였는데 지금 생각하면 격세지감이 들지만 참으로 아날로그의 추억이 깃든 고귀한 추억이라 소중히 간직하고 싶은 마음이 든다.

학적계는 학생들의 입학, 전입, 전출, 졸업, 자퇴 업무 처리를 관장하는 것으로 마치 읍면동사무소의 호적계가 하는 일과 유사하다. 학적계는 당해 학년도 학교 업무의 시작(입학 혹은 개학)과 끝(졸업)을 주도하는 역할을 하고 있으며 신입생의 등록과 재학생의 전입·전출 및 학생 인원 변동을 총괄하고 있으므로 가히 학교의 산파역을 담당하고 있다고 볼 수 있다.

평가계는 학생들의 지필평가와 수행평가를 계획하고 실시하는 업무를 맡고 있으며 교사들의 평가 계획서와 지필 평가 원안지 등을 검토하고 수정하는 업무를 수행한다. 전체 70여 개의 교과목을 정해진 시일 내에 제출토록 독려하고 제출된 문항지를 인쇄 전에 수백 페이지에 달하는 출제 원안지를 세밀히 검토 및 수정하느라 많은 노력과 시간을 기울여야 하기 때문에, 학교의 다른 업무도 마찬가지이 겠지만 전체 교사들의 긴밀한 협조가 절실히 요구되는 업무 중의 한 가지이다.

또한, 90년대 말까지는 학교 현장에 컴퓨터의 미보급으로 지필평가의 원안지를 교사들이 직접 손으로 작성하여 등사기로 민 다음 시험지를 인쇄하여 학생들의 평가를 실시하였으니, 평가계가 시험지를 관리·보관하고 시행하는 업무는 지금보다 그 과정이 조금은 복잡하였던 것으로 비교된다.

장학계는 학생들에게 장학금을 지급하기 위한 제반 업무를 수행하는 역할을 담당하고 있다. 장학금은 크게 교내 장학금과 교외 장학금이 있으며, 그 학교의 선생님들이 후원하는 교내 장학금을 제외한 대부분의 장학금은 각종 기관이나 단체에서 제공하는 교외 장학금이 주를 이루고 있다.

우리나라의 국민 소득은 70~80년대에 비해 실로 많이 향상되었으며 요즈음은 정부에서 무상 급식과 무상 교육을 실시하고 있는 관계로 여건이 정말로 좋아진 것은 사실이지만 그래도 학교생활에서 경제적으로 어려운 친구들이 아직 많이 있는 것도 사실이다. 그래서 이러한 어려운 학생들의 학업을 돕기 위해 선생님들이나 각종 외부 단체에서 따뜻한 손길을 내밀어 도와주고 있다는 것은 정말로 훈훈하고 아름다운 일이다.

실제로 담임을 맡아 보면 알겠지만 각 학급에서는 최소한 5~6명

이상의 아이들이 경제적으로 도움을 필요로 하는 경우가 대부분이다.

　그러므로 담임 교사의 중요한 역할 중 한 가지는 학급 경영 시 학급 학생들의 가정 환경을 잘 파악해서 최대한으로 관심을 기울여 아이들을 챙겨 주는 것이며 학교 전체적으로 볼 때도 이러한 학생들을 선발하여 장학금 지급을 할 수 있도록 행정 지원업무를 수행할 수밖에 없는 이유이다. 가끔 뉴스에서 후학을 위해 장학금을 기부하는 훈훈한 미담 소식이 전해지는 소식을 들을 때, 대개 그러한 경우 기부하는 사람은 재산이 많은 갑부라기보다 오히려 본인이 살아오는 과정에서 다른 사람으로부터 따뜻한 도움을 받았거나 야채 혹은 생선가게에서 한 푼 두 푼 절약하며 힘들게 인생을 살아온 평범한 의인일 경우가 많다. 이처럼 장학금 지원 사업은 교육적인 측면이나 인간적인 면에서 볼 때 우리 사회를 정말로 바람직하게 나아가도록 하며 인간이 서로 어울려 생활하는 가운데 따뜻한 정을 느낄 수 있도록 하는 일이 아닐 수 없다. 이러한 면에서 교무부의 장학계 역시 학교 행정업무에서 빠질 수 없는 역할을 수행하고 있으니, 장학업무를 수행하는 교사 역시 소명의식을 갖고 생활을 즐길 줄 알아야 한다.

　이 외에도 성적계, 수업계, 출결계 등이 있으며 학생들의 수행평가와 지필평가 성적 처리 업무를 맡은 성적계와, 전체 교사의 수업과 관련하여 수업 시간표 편성·변경·처리를 담당하는 수업계가 있는데, 70개에 가까운 교과목을 원활하게 운영하기 위해서는 학교 내 전체 동료 교사의 업무 협조가 절실히 필요할 수밖에 없으며 동료 교사들은 이처럼 전체 업무를 어렵게 맡아 수행하는 교사의 고충을 이해하고 역지사지의 입장에서 항상 행동하여야 한다.

그래서 내 개인적인 견해로는 교사 채용 시 교과에 대한 전공 지식 이외에도 이러한 협동심, 배려심 등의 인성을 갖춘 자질 있는 교사를 반드시 뽑아야 한다고 생각한다. 출결계는 교사들에 대한 출결이 아니라 학생들의 근태(결석, 지각, 조퇴, 결과 등)와 관련된 서류 처리를 맡게 되는데, 요즈음은 보통 행정 실무사가 이 업무를 수행하는 경우가 많아 교사들의 입장에서는 행정 업무가 조금씩 줄어들고 있으니 가뭄에 단비처럼 참으로 반가운 일이다. 하지만 이에 그치지 않고 차제에는 대폭적인 행정 업무 간소화로 우리 선생님들이 학생들의 수업과 진로지도 등의 본업에 더욱 집중할 수 있도록 정부 차원의 대폭적인 행정 업무 개선이 이루어지기를 간절히 기원해 본다.

이상 소개한 교무부 이외에도 학교 전체의 부서로는 학생부, 학년부, 직업교육부, 홍보부 등이 있는데 학생부와 학년부는 학창 시절에 조금씩 경험을 하였으니 이해하고 있으리라고 보고, 직업교육부와 홍보부에 대하여 업무를 잠깐 소개하고자 한다.

직업교육부는 특성화 고등학교(예전에는 전문계 고등학교)에만 있는 조직이며 각 특성화 고등학교에 설치된 학과의 운영과 취업 및 각종 자격증 취득(의무검정 포함)등과 관련된 업무를 수행하는 부서이다.

우선적으로, 각 학과의 실험·실습실용 기자재 및 소모품에 대한 운용(구입, 기자재 관리, 변경, 폐기 등)업무 등을 들 수 있는데 학교의 특성에 따라서 학과별 체제로 하는 경우(이 경우에는 각 학과의 학과장이 업무를 수행)와 교무부처럼 학과 구분 없이 전체적으로 통합적인 방법으로 운영하는 2가지가 있는데 업무 특성상 각 학교별로 조금씩 차이가 있기 마련이다.

또한, 특성화 고등학교의 경우에는 취업이 중요한 일로서 보통의 경우 학교를 평가하는데 취업률이 그 학교를 대표하는 주요 지표일 수밖에 없는 경우가 많으니 취업(공무원, 공기업, 부사관, 일반 기업체 등)과 관련된 각종 업무 추진에 신경을 써야 하는 것은 당연한 일일 것이다.

그 밖에 3학년 교육 과정 중의 하나로 실시하는 의무검정 자격증 실시와 관련된 업무와, 기능 경기 대회를 위한 각종 업무 등을 그 예로 들 수 있다.

홍보부는 학교 홍보와 신입생 유치를 위하여 1년 365일 동안 긴장의 끈을 늦추는 일 없이 학교업무를 위해 불철주야 노력하고 실천하는 부서라고 감히 말하고 싶다.

학교를 경영하기 위해서는 제일 우선적으로 학생이 있어야 하며 그중에서도 신입생 입학 인원은 학교 입장에서는 정말로 중요한 일로서 각 학교에서는 신입생 모집을 위해 학교 전체의 구성원인 전 교사가 모두 일치단결하여 이 업무를 수행하여야 하는데 그 업무의 최선봉장이 바로 홍보부라고 할 수 있다. 더군다나 학령인구의 급격한 감소(1990년대 말 학급인원 약 50명 초반에서 2021년의 경우 학급당 약 26명이었으며, 이 둘을 비교해 보았을 때 학급당 학생 수가 거의 ½로 줄어들었음)로 인하여 일선 각 학교에서는 신입생 모집 인원이 정원보다 미달되는 일이 발생하지 않도록 다방면으로 각고의 노력을 다하고 있는 실정이다.

이는 비단 고등학교의 문제일 뿐만 아니라 우리나라 대학입학 인원의 경우에도 나타나는 일로서 출산율 감소와 핵가족화 및 기타 복합적인 원인으로 나타나는 현상이다. 그럼에도 각 일선 학교 현장에서는 이러한 이유 때문에 신입생 미달 사태가 발생하는 일이 없도록 그야말로 생존 경쟁의 치열한 노력을 다하며 학교 홍보 업무를 수행하고 있으니, 지금도 홍보 일선 현장에서 열심히 뛰고 계시는 모든 선생님에게 진심으로 힘차게 격려의 박수를 보내고 싶다.

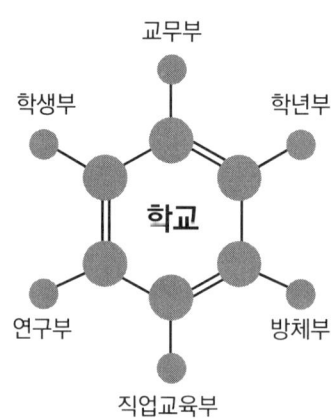

3. 사업 계획서 작성

신임 교사가 교직을 발령받아 재직하는 중에 사업 계획서 작성을 처음으로 맡아 실시할 경우, 적지 않게 당황하는 경우가 있다.

"기업체에서 행하는 사업을 학생들을 가르치는 학교에서 왜 실시할까?"

넓은 의미로 볼 때 사업 계획서의 국어사전적 의미는 "사업에 대한 계획을 담은 문서"를 말한다. 하지만 학교 기관에서의 사업 계획서는 일반적으로 학교 내부에서 실시하는 사업 계획을 제외하고 외부 감독 기관인 각 시·도 교육청 계획 사업에 제출하는 구체적인 계획서로서, 필요 자금을 지원받아 학교의 교육 목적에 맞게 세부 활동을 추진하기 위한 문서를 말한다.

이때 상급 기관인 교육부나 교육청은 당해 학년도에 중점적으로 추진하여야 할 정책이나 과제에 대하여 각 단위 학교로부터 응모 지원을 받아 심사를 통하여 적합한 대상 학교를 선정하게 되며, 사업 대상자로 선정된 해당 학교는 사업비를 지원받아 그 사업을 추진·운영하는 것이다.

예를 들면, 고교학점제 실시 시범 운영학교, 학교폭력 방지 시범 실시, 금연교육 시범학교, 아버지 교실 운영, 매력적인 직업계고 추진 양성 사업 계획 등등….

그러므로 사업 계획서는 허가 기관에서 요구하는 정해진 틀에 맞춘 양식을 포함하여 작성하여야만 한다. 내용의 경우 여러 가지 사항을 포함하여 세부적으로 작성해야 하지만 사업 계획서의 주요 핵심적인 구성 내용만을 살펴보면 다음과 같다(목/방/추/기).

1) 사업 목적
　사업을 실시하는 목적을 배경과 필요성 등을 포함하여 작성

2) 사업 방침
　사업 추진을 하는 과정에서의 실시 기관의 주요 방침을 피력

3) 추진 내용
　사업 추진 일정과 구체적인 실시 방법을 설명

4) 기대 효과
　사업 추진 후에 달성되는 예상 기대 효과를 작성

　참고로, 기업체의 사업 계획서 작성 시 핵심 사항인 사업 타당성 검토(경세성 섬토)는 학교 기관에서 실시하는 내용에는 포함되지 않는 것이 일반적이다.
　아울러, 사업 계획서가 통과되어 대상학교로 선정되면 해당 학교의 담당 교사는 사업 목적에 맞게 본 사업을 운영하게 되며, 최종적

으로 사업계획 결과에 대한 정산보고까지 실시하여야 한다.
 다시 한번 느끼는 바이지만 우리 교사들이 수행하여야 할 업무는 정말로 많다!!

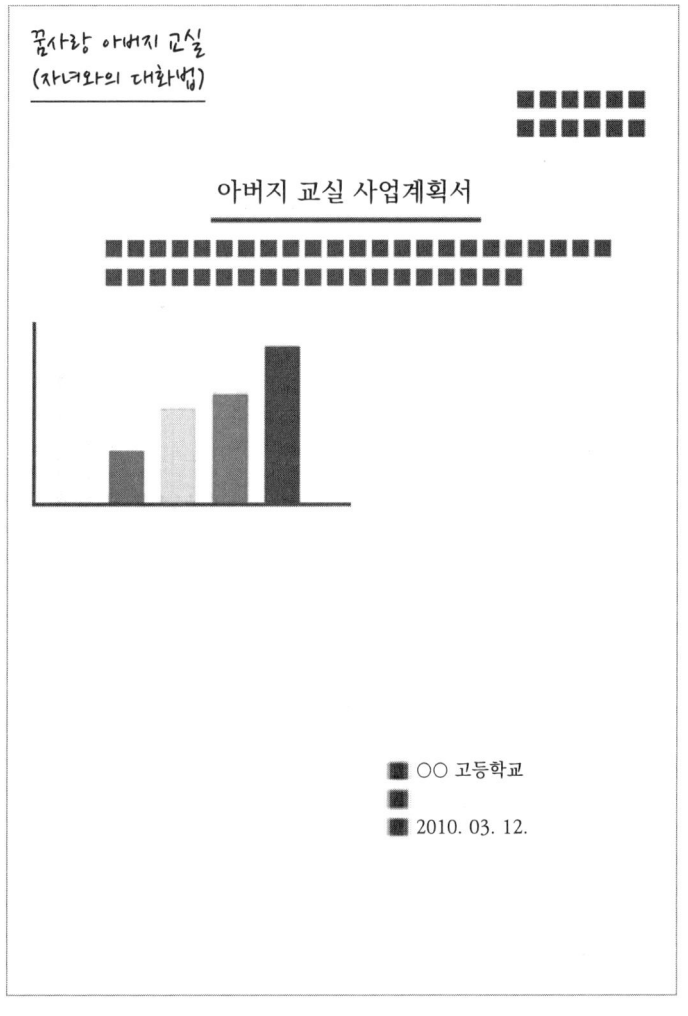

우수 사례 제출 양식 결과 보고서
「아버지 교실」 운영 우수사례(소제목: 꿈사랑 아버지 교실)

○○고등학교

I. 필요성
1. 핵가족화에 따른 가족 간 유대 약화 현상
2. 부모와의 대화 부재에 따른 청소년의 조화로운 성장 저해
3. 현대사회의 급격한 변화에 따른 극단적 이기주의화 문제 발생

II. 목적
1. 부모 역할의 중요성 인식 및 부모 리더십 강화
2. 자녀 성장을 위한 멘토이자 코치로서의 부모 역할 강화
3. 학교 교육에 대한 이해와 유대감 증진을 통한 올바른 교육관 확립

III. 운영내용
1. 추진 방침
   가. 아버지 교실 운영을 통한 부모의 역할 인식 및 대화법 터득
   나. 자녀와의 대화법 연수를 통한 상대역할 자각
   다. 스스로 성찰하는 시간 확보 및 아버지 직업 이해

2. 추진활동 내용
   가. 자녀와의 대화법 연수
   나. 자녀와의 체험활동(동굴 체험 및 유적지 답사 활동)
   다. 아버지 직장 방문 직업 체험
   라. 아버지와 함께하는 봉사활동(독거노인 시설 봉사활동)

IV. 운영 성과
1. 아버지와 함께 참여하는 프로그램을 통하여 생활 전반에 걸친 모든 분야를 서로 이해하고 존중하는 바람직한 인간관계를 형성하는 계기가 됨
2. 자녀와의 대화법 연수를 통한 부모와 자녀 간의 갈등해소 및 부모의 솔선수범 행동 역할의 중요성 인식
3. 올바른 학생교육을 위한 학부모와 학교의 유기적인 협력 관계 형성에 기여함

V. 운영 결과 자료
1. 설문조사 통계 자료
2. 자녀와의 대화법 초빙학습 연수 자료
3. 주요 활동 자료 및 문화 체험활동 소감문

4. 교직원 갈등 관리

학교 내에서의 업무 처리 시 조직 구성원인 교사, 교원, 교직원을 정확히 구분하여 사용하는 것이 때로는 필요한 경우가 있다.

- 교사: 일반 교사를 말함
- 교원: 교사와 관리자(교감, 교장)를 말함
- 교직원: 교원 + 행정실 직원을 말함

학교 내에서 교사가 행정 업무 처리를 하는 과정에서 행정실 직원과의 갈등이 가끔씩 발생하는데 그 원인을 살펴보면 대부분 교원과 행정실 간의 업무 분장이 명확하지 않을 경우에 이러한 분쟁이 일어나게 되는 경우가 많다. 그래서 이러한 사례를 몇 가지 소개하고자 한다.

법적으로 교사가 학생들을 상대로 수납 업무를 해서는 안 된다는 규정은 없는 것으로 알고 있다. 요즈음은 스쿨뱅킹 통장을 이용하여 가정에서 자동으로 납부하고 있지만 이전에는 담임 교사가 학급의 학생들에게 각종 교육 활동비를 직접 걷어서 행정실에 일괄적으로 제출하는 방법을 실시하기도 했었다.

지금도 소규모 학교의 경우에는 교육 활동비, 졸업 앨범비 등의 수납 업무를 일반 교사가 실시하는 경우가 있을 수 있겠지만 수납 업무를 교사(보통의 경우 담임 교사)가 할 경우 학생들의 교육 측면에서 다음과 같은 부작용을 초래할 수 있다.

첫째, 학생들에게 담임 교사의 역할에 대한 그릇된 이미지를 형성시킬 수 있다. 담임 교사가 학생들을 상대로 돈을 걷는 경우 학생들은 담임 교사가 돈을 걷는 사람이라는 잘못된 인상을 심어 줄 수 있다는 것이다.

둘째, 담임 교사의 학급 경영에 있어서 신뢰성에 영향을 미칠 수 있다.

일찍 납부하는 학생이 있는 반면에 경제적으로 어려운 학생들은 늦게 낼 수밖에 없는데 이러한 경우 늦게 내는 학생이 약간의 죄책감을 학급 급우들과 담임 교사에게 느끼게 될 수 있기 때문이다.

셋째, 분실 사고 또는 도난 사고의 위험이 따른다.

학급의 반장이나 부반장이 학급 조회 전에 학생들에게 돈을 걷거나 보관하는 과정에서 분실 사고가 일어날 수 있으며 특히, 교실 이동 시 도난 사고가 발생하게 되는 경우가 있다.

물론, 이러한 분실 사고나 도난 사고를 예방하기 위해서 귀중품을 반드시 담임 교사에게 맡길 것을 수시로 훈화 지도 하지만, 사고가 발생하면 그야말로 학급의 분위기는 냉랭해지면서 신뢰관계는 급격히 무너지는 현상이 나타나게 된다(가끔 손버릇이 좋지 못한 학생들이 있는데 이러한 일이 학급 내에서 발생할 때 담임 교사는 참으로 난처한 경우가 많다).

  수납 업무 외에도 각종 공문 처리와 교내 청소 업무 등에서 행정실 직원과 교사 간에 의견이 충돌하게 되는 경우가 있을 수 있다.
  지난날을 되돌아볼 때 교직에 입문한 지 몇 년 되지 않은 초임 교사 시절에는 여러 가지 경험이 부족한 탓에 이처럼 업무 처리 시 잦은 갈등과 오해가 생기는 경우가 많았다. 하지만 점점 교직 연륜이 쌓이게 될 수록 서로 상대방의 입장을 헤아려 볼 줄도 알게 되고 같은 교직원이라는 소속감을 서서히 터득하게 된다. 또한, 사회생활을 지금까지 해 보니 인간관계에 있어서 양보심도 중요한 것임을 알게 되었다. "내가 다른 사람들보다 차라리 조금 더 일하는 것이 오히려 내 마음이 편안해진다"라는 진리를 깨우치게 되는 것이다.
  맞는 말이다. 행정실 교직원과 서로 대립각을 세우는 것은 삼가야 한다. 행정실 교직원도 학교 내의 같은 급식실에서 한솥밥을 먹는 한 식구이자, 학생들을 위해 묵묵히 자신의 소임을 다하면서 생활해 나가는 우리의 동료 및 교사와 함께 학교 업무를 수행해 나가는 동반자가 아닌가!!

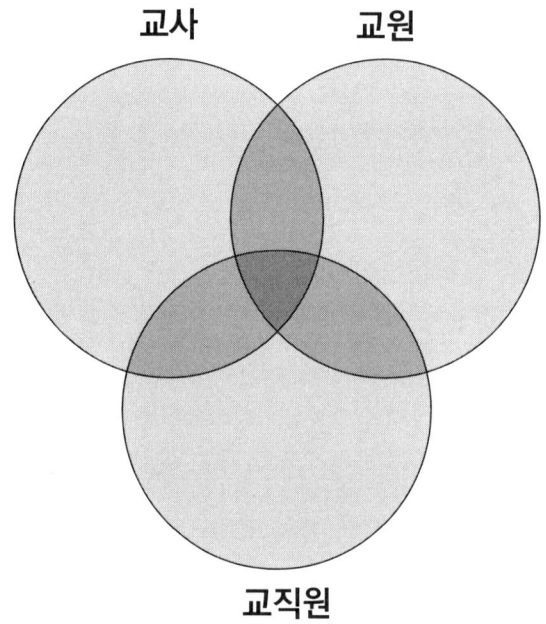

5. 사립 vs 공립

　공립 학교란 초·중등 교육법에 의하여 지방자치단체가 설립·경영하는 학교를 말하는 반면, 사립 학교는 개인 또는 법인이 설립·경영하는 학교로 규정한다.

　즉, 공립은 지방자치단체가 설립하여 운영하는 학교이므로 신입생 정원이 다 차지 않아도 운영이 되지만 개인 또는 법인이 책임지는 사립은 학생이 미달될 경우 운영을 유지할 수 없다. 다시 말하자면 학생과 학부모들의 선택을 받지 못한다면 학교는 최악의 경우에 문을 닫아야 할지도 모르는 사태가 발생한다. 그러나 한 사회의 공정과 정의를 실천하기 위해서는 향후에는 공립도 사립과 마찬가지로 함께 경쟁하는 환경에 놓이게 될 것이다.

　비슷한 예로, 학령인구의 감소로 인해 해마다 입학하는 학생들의 수가 점점 줄어들고 있으며 그 결과 공립 학교의 통폐합이 진행되고 있는 실정에 이르렀다는 소식을 뉴스로 접하고 있는 것이 요즈음 현실이다.

　이와 같은 현실은 지방 소도시의 농촌 지역에서 두드러지게 나타날 것으로 예상되며 대도시의 일부 학교에서도 서서히 이루어지고 있다. 뿐만 아니라 정부 차원에서도 거점 학교를 중심으로 한 교육 정상화를 기하기 위해 학교 간 통폐합을 고민하고 있는 사태가 벌어지고 있다니 실로 심각한 문제이다.

　제일 큰 원인은 역시 학생 수 감소 때문이다. 이러한 사례를 비교해 볼 때, 공립학교의 교사들에게는 정말로 죄송한 일이지만 공립 학교도 사립 학교와 같이 생존 경쟁에서 살아남기 위해서는 한층 더 노력해야 하며 사립과 공립이 함께 경쟁하는 과정에서 교육의 질을 더 높게 향상시킬 수 있을 것이다. 학교마다 조금씩 차이가 있겠지만, 대체로 공립 학교에 비해 사립 학교는 평일이나 주말 또는 방학에 상관없이 방과 후 학습, 야간자율학습 등의 적극적인 학사 일정으로 학생들에게 제공하는 교육의 질이 우수하지만 공립은 신입생 입학 인원 유치 등의 면에서 변화의 폭이 조금은 느긋한 경우가 많다.

　초등학교의 경우 대부분이 공립이어서 이런 문제를 심각하게 여기지 않을지 모르지만, 중고등학교의 경우에는 이러한 문제가 이대로 계속되어서는 안 된다고 본다. 다시 말하면 현재와 같은 교육 정책이 하루빨리 바뀌어야 하지 않을까? 실제 사례로서 언제까지 마냥 교육청에서 신입생 지원을 받을 수만은 없지 않은가!

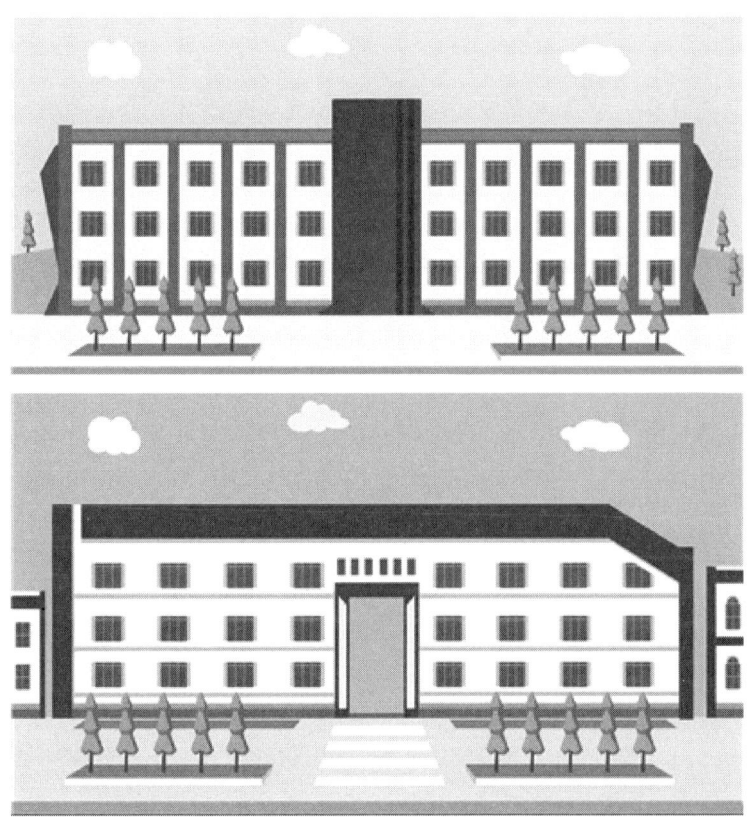

(출처 : pixabay)

6. 교직의 자율성과 대관청 업무

교사라면 누구나 학교 현장에서 교직의 자율성과 대관청 업무로 어려움을 겪게 되는 경우가 많다. 이러한 문제를 해결하기 위한 선결 과제로서 교육부와 교육청에서는 우선적으로 교사의 의견을 수렴한 후 학교 현장에서 벌어지고 있는 구체적인 내용과 어려움을 통하여 각종 정책 수립에 반영하여 교육 정책을 추진하여야 한다. 교육의 장기적인 발전을 위해서도 교사의 다양하고 비판적인 사고가 필요하며 교육청이나 교육부로부터의 상명하달식의 일방적인 지시로 이루어지는 교육 정책 방식으로는 단위 학교의 자율적인 발전이나 무한경쟁 시대에서 학생들의 질적인 교육 성장이 이루어질 수 없다. 즉, 교육정책을 수립할 때 탁상공론식의 밀어붙이기식보다는 일선 교사들의 의견을 잘 경청할 줄 아는 바람직한 수용자세가 무엇보다 중요하다는 것이 거듭 강조된다. 현재 각 단위 학교에서 겪고 있는 대표적인 사례를 몇 가지 제시하고자 한다.

첫째, 교육청이나 교육부에서 매년 각 학교에 자료 조사를 요구하는 국정감사 관련 공문 요청이다. 매년 2학기가 되면 국정감사 공문 요청과 공문처리 업무로 인해 각 학교는 공문과의 전쟁을 치르며 몸살을 앓고 있다. 교사들은 그때마다 수업하랴 공문처리 업무를 위해 뛰어다니랴 정신이 하나도 없다. 그야말로 공문 폭탄이다. 학교의 입장에서 볼 때 별로 중요하거나 시급하지도 않은 내용인데 1~2일 전(어떤 경우는 당일)에 공문을 요청하여서는 자료 조사를 공문으로 촉박하게 요구하는 경우이다. 이러한 행위는 아무리 급한 업무라 할지라도 학교의 현실을 무시하는 처사이다. 매년 비슷한 내용의 요청이 반복될 뿐만 아니라 교육부의 나이스 자료 집계 통계를 통하여 단위 교육청에서 얼마든지 자료를 관리할 수 있는 내용이기 때문이다. 정말로 개선이 요구되는 사항이라고 본다.

둘째, 교원 성과급제에 대한 실시 내용이다.

성과급제의 실시는 기업체에서 1년간의 기업 성과에 대한 결과를 보상을 통해 직원들에게 차등 지급하는 경쟁방식의 기업 경영방식이다.

그런데, 학교에서 우리 교사들이 학생들을 가르치는 업무가 단기간인 1년 내에 정확한 성과 달성이 어떻게 이루어졌는지를 측정하는 것이 현실적으로 가능한 일인가? 더군다나 현재 교육을 계속적으로 받고 있는 과정에서 성장 중인 학생들의 다양한 성과가 시험 성적과 같이 정확하게 떨어지는 경우만 있는가?

아울러, 현재의 서울시 교육감의 반대 실천 의지와 같이 대부분의 교사들은 교원 성과급제가 학교 내 동료 교사들 간의 갈등과 분열을 조장하고 있기 때문에 절대적으로 반대하고 있으나 교육부는 교육 현장에서의 이러한 문제를 외면하고 있는 것이다. 교육 정책을 수립하는 책임자가 학교 현장에서 S등급, A등급, B등급의 3단계 차등으로 실시되는 교원 성과급제에서 B등급을 받은 교사의 심정과 입장을 과연 이해할 수 있을까? 분명히 B등급을 받은 교사는 교사로서 자괴감을 엄청나게 느꼈을 것이며 성과급제의 실시에 의문을 절실하게 외쳤을 것이다!! 그리고 지금 벼랑 끝에 서 있는 우리나라 학교 교육 위기의 책임이 과연 전적으로 우리 교사들만의 문제 때문으로 생기는 현상인가!!

  교육의 개혁을 위해서는 교사가 주체가 되어야 하는데 교사를 개혁의 대상으로 취급할 뿐만 아니라 동료 교사들 간의 협력이 절실히 요구되는 교직사회에서 분열과 갈등을 조장하며 누구에게도 도움이 되지 않는 교원 성과급제를 폐지하지 않는 이유는 대체 무엇인가!! 교육 여건이나 내외적 환경은 고려하지 않은 채 교원 성과급제를 통한 교사 평가를 실시하기만 하면 무너져 가는 우리나라 공교육의 신뢰를 회복할 수 있는지 이 기회를 통하여 진심으로 그 대답을 듣고 싶다.

  셋째, 교육부 또는 교육청의 생활기록부 나이스 입력과 학생 평가에 관련된 사항이다. 지금 우리는 최근 확산되고 있는 코로나 바이러스와 온라인 비내년 생활의 확대 능 사회 각계에 걸쳐 외적 환경의 변화가 예측할 수 없는 상황으로 가속화되는 현실에서 우리 학생들에 대한 교육의 다양성이 더욱 절실히 요구되는 시대를 맞이하고 있다. 다시 말하자면 요즘과 같이 사회적으로 급변하는 시대의 흐름에서 오늘날 학교 교육이 나아갈 방향은 다양성과 창의성을 추구하는 데 있다고 할 수 있다. 그러나 이러한 시대 상황에도 불구하고 교육부의 나이스 입력 항목과 같은 지침은 단순히 대학 입시정책의 틀에 맞춘 듯이 너무 지나칠 정도로 획일적이고 매뉴얼화된 채로 각 학교 일선 현장에서 여전히 시행되고 있다. 가장 구체적인 예시를 들자면 교과세부능력 및 특기사항의 경우인데, 각 교과별로 최대 1,500자까지만 입력하게 되어 있는 지침이 과연 맞는 정책인가? 교사가 전문직으로서 업무를 수행해 나가기 위해서는 자율성과 다양성이 있어야 하며 국가 차원에서 전폭적으로 지원을 하여야 하는데 이처럼 단위 학교의 자율성을 무시하며 대한민국의 모든 학교에서 모든 학생에 대하여 천편일률적으로 똑같이 입력하게 하는 것이 과연 교육의 다양성 측면에서 맞는 정책일까? 다시 한번 의문이 생길 수밖에 없다. 이러한 항목 외에도 생활기록부에 입력하는 문구까지(이를테면 명사형 어미로 종결해야만 한다고 규정하는 등) 일일이 간섭하며 교사와 학교가 자율적으로 실시하여도 무방한 내용을 제한하고 있는 실정이다.

　교육청의 평가와 관련된 평가 계획서 작성 지침도 너무 똑같은 형식만을 추구하는데 이와 같은 문제점을 개선하기 위해서는 각 학교와 단위 교과별 특성에 맞게 자율성을 어느 정도 부여할 줄 아는 유연성이 절실히 요구된다.

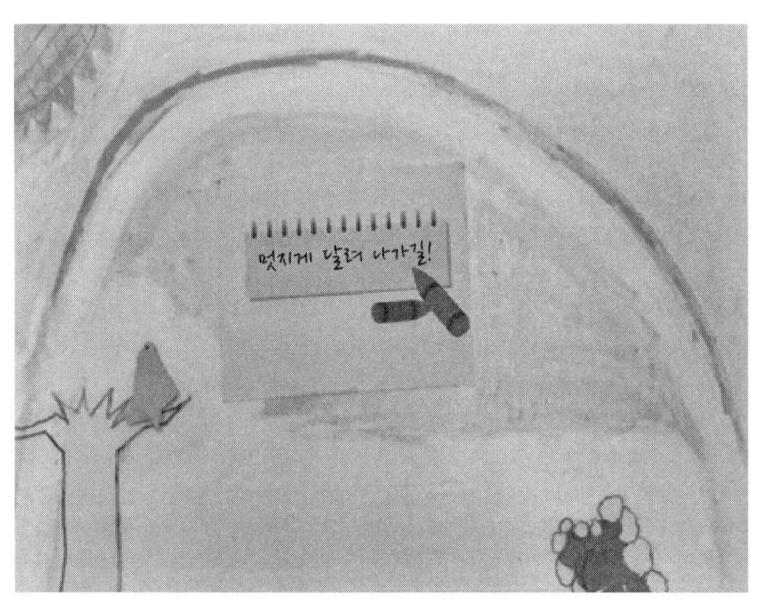

7. 교직원 커뮤니티

  교사들이 교직 생활을 해 나가는 과정에서 동료 교사들과 유대관계를 돈독하게 해 주며 활기차게 학교생활을 이어 나가게 해 주는 촉진제가 있다면 그것은 바로 교사들 간의 커뮤니티라고 할 수 있다. 물론 학교 밖에서 실시하는 커뮤니티도 있겠지만, 같은 학교 내에서의 공동체는 우리 교사들에게 여러 가지 면에서 좋은 장점을 제공할 수 있으며 지친 일상의 회복 탄력성을 키워 주는 효과가 있다.

  커뮤니티는 그 종류와 내용별로 여러 가지 특징이 있겠지만 내가 실시한 대표적인 모임을 약 3가지 정도로 소개하고자 한다. 우선, 실시 시기는 학사 일정을 감안하여 평일보다는 주말에 실시하고, 그렇지 않으면 대개의 경우 1주일간의 평일 중 마지막 날인 금요일 오후 6교시 후가 일반적이다. 주로 운동장에서 모임을 가지게 되는데 내가 근무한 학교에서 지속적으로 활발하게 실시한 축사모('축구를 사랑하는 모임'의 준말)의 경우를 첫 번째로 소개하며 구체적인 예로서 그 장점을 소개해 드리고 싶다.

  첫째, 같은 학교 구성원이므로 소속감과 유대감을 공감할 수 있는 기회와 시간을 서로 나눌 수 있다는 것이 제일 큰 장점이다.

  여기서 구성원은 동료 교사일 수도 있고 행정실에서 근무하고 있는 분들일 수도 있기 때문에 그 유대감은 더 클 수밖에 없다.

　둘째, 월요일부터 시작되는 각종 업무로 인하여 일주일간의 시간 동안 교사들은 몸과 마음이 극도로 지쳐 있는 상태이므로 지친 몸과 마음을 재충전할 수 있는 소중한 역할을 해 줄 수 있기 때문이다. 전반전과 후반전 경기를 모두 마친 후 땀을 식히는 과정에서 서로에게 경기에 대한 덕담과 칭찬을 나눌 수도 있고, 차가운 날씨에도 불구하고 체육실 앞 스탠드에 모두들 둘러앉아 따끈한 어묵탕을 한 그릇씩 음미하면서 서로 간에 찡한 동료애를 느끼고 즐길 수 있다는 것은 정말로 축복스러운 일이라고 생각한다.

　셋째, 축사모의 경우 우리 학교를 대외적으로 홍보할 수 있는 좋은 기회가 될 수 있기 때문이다. 군부대를 포함한 우리 지역의 각종 단체(기업체, 농협, 학교 등등)와 축구 경기를 통하여 친선을 도모할 수 있을 뿐만 아니라, 특히 관내에 있는 여러 중학교와의 경기일 경우 그 과정에서 관내 중학교 선생님들에게 자연스럽게 우리 학교의 각종 장점을 외부에 알릴 수 있는 소중한 기회가 될 수도 있으니 얼마나 자연스러운 홍보이겠는가!!

　넷째, 규칙적인 모임을 실시하는 동안 일반적으로 운동이 부족한 교직원들의 체력 증진에도 지대한 영향을 미칠 수 있는 긍정적인 효과를 발휘할 수 있기 때문이다. 젊은 교사는 말할 것도 없겠지만 실제로 40대 후반과 50대 교사들이 꾸준한 체력을 유지하는 데에도 큰 효과를 미치는 것일 것이다. 학교가 행복한 배움터가 되고 아이들의 밝은 웃음이 넘쳐나기 위해서는 먼저 교사가 우선적으로 건강하고 행복해야만 학교의 각종 업무도 원활하게 잘 운영되고 학생들 또한 행복한 학교생활을 펼쳐 나가는 데 큰 도움이 되지 않겠는가~

또한, 이외에도 교직원들의 단합과 소통에도 좋은 효과를 보이는 것은 물론이며 모임을 통하여 각종 스트레스를 해소할 수 있는 여러 가지 장점이 있으니 커뮤니티의 지속적인 발전을 위하여 구성원들 모두 서로 협력하는 분위기가 앞으로도 계속 조성될 수 있도록 기원해 본다.

두 번째로 소개할 것은 교내 자전거 동호회인데 두사모('두 바퀴를 사랑하는 교사들의 모임'의 준말)는 학교 내를 벗어나 토요일 혹은 일요일 기간 동안 서울 근교 지역의 왕복 약 50~60km 구간을 자전거를 타고 이동하면서 지친 심신을 위로하고 재충전하는, 한마디로 역동적인 에너지가 넘치는 모임이다.

주요 지역으로는 한강 하구의 경인아라뱃길부터 팔당, 양평, 가평, 춘천까지 잘 정리된 자전거 길을 들 수 있다. 당일치기 코스 혹은 1박 2일 코스로 라이딩을 즐기는 교사들의 모임이어서 그런지, 이 모임을 통하여 우리들은 정말로 에너지를 많이 재충전한다.

세 번째 소개할 동호회가 있는데 이 모임은 코로나 19로 인해 요즈음은 다 함께 모이기가 어렵지만 모임의 이름에 담긴 의미에서와 같이 여러 교사들이 한가지 마음으로 단합하여 함께 인생을 행복하게 웃으면서 걸어가자는 참 의미가 있는 교사들의 커뮤니티다. 학기 중에는 소모임을 가지는 것이 보통이지만, 본격적인 활동으로 동계 방학기간 동안 1박 2일 혹은 2박 3일로 우리나라 전 지역을 이동하면서 1년을 반성하고 새해를 다짐하는.워크샵을 하는 특징이 있으며, 이제까지 해 온 것과 같이 앞으로도 평생 동안 계속해서 인생의 동반자로서 함께 길을 걸어 나아갈 동료 교사들의 모임이다.

(출처 : pixabay)

8. 업무포털

　업무포털이란 '교육행정 정보시스템', '교무업무 시스템', '나이스 업무 시스템'이라고 하는 것으로서 교사들이 인터넷으로 학교의 각종 행정 업무를 처리하는 시스템을 말하는데, 학교에서 행정 업무 처리를 하려면 우선적으로 공인 인증서를 발급받아 업무를 실시해야 한다. 우리가 인터넷 뱅킹을 하고자 할 경우 은행에 가서 공인 인증서를 발급받아야만 하듯이, 학교에서 교사가 공적인 행정 업무를 처리하려면 먼저 나이스(Neis) 공인 인증서를 발급받아야 한다. 신임 교사일 경우 학교의 교육정보 부장에게 '교육행정 전자서명 인증서'라는 신청서를 작성하여 제출하면 약 1주일 정도 기간이 지난 뒤 공인 인증서가 발급되는데, 발급되기 전까지는 본인의 업무를 처리할 수 없기 때문에 보통 자신이 소속된 부서장 혹은 동료 교사가 이 업무를 한시적으로 대신 수행하는 것이 일반적이다. 따라서 신임 교사의 경우 공인 인증서 발급이 늦어지는 것에 너무 초조하게 생각하지 말고, 대신 이 시기를 잘 활용하여야 한다. 우선적으로 선임 교사가 수행한 공문서철이나 파일 및 학교의 교육 계획서 등을 미리 쭈욱 살펴볼 필요가 있으며, 학교 업무가 본격적으로 시작되는 새 학기 3월이 다가오기 전에 2월 방학 기간 동안 학교생활 적응과 업무 파악을 하는 것이 좋을 것이다.

업무포털 내용은 크게 3가지 부분으로 나누어지는데 나이스(Neis), 케이에듀파인(K-Edufine), 에듀파인(Edufine) 시스템으로 분류할 수 있다.

◑ 나이스(Neis)

교무업무를 인터넷으로 처리하기 위한 시스템으로 개인의 복무(근태, 급여, 인적사항 등) 관련 내용과 교무행정(학적, 출결, 성적, 장학, 보건 등) 업무로 구분하여 실시할 수 있으며 교무행정 업무는 업무포털의 대부분을 차지할 정도로 많이 활용하는 것으로 일반 교사들이 본인의 업무를 처리할 때 과거의 수기 장부로 처리하던 것을 전산 시스템을 이용하여 효율적으로 수행할 수 있으니 교원들의 행정업무 경감과 혁신의 1등 공신이라고 칭찬하고 싶다. 실제적인 사례로 모든 교사들이 수행하는 지필평가 성적처리 업무를 예로 들 경우, 과거에는 성적처리 담당 교사 혼자서 그 학교의 모든 교과목에 대한 지필평가의 처리 업무를 수행했다. 하지만 나이스 업무처리 시스템으로 인하여 각 교과 담당 교사가 본인이 맡고 있는 학생들의 OMR 카드를 OMR 카드 리더기를 통하여 읽고 저장 및 성적 처리하는 등의 업무를 수행할 수 있게 되었으니, 교사들의 성적 처리 업무는 한층 더 발전하였다고 할 수 있다.

◑ 케이에듀파인(K-Edufine)

공문서 상신 결재(내부결재)와 대외적인 공문서 접수 및 발송 등의 처리를 위한 업무로서 전산화 시스템을 활용하여 업무를 처리하는 까닭에 과거의 수기로 작성하는 공문서 처리 등에 비하여 업무의 신속화와 효율성을 기할 수 있다고 할 수 있다.

◐ 에듀파인(Edufine)

국가 관리 학교 회계 시스템으로서 교사들이 학교의 각종 행정 업무를 처리하는 과정에서 예산이 소요될 때 관련되는 내용을 기록 및 처리하는 시스템으로 이를테면 비용이 발생하는 경우(사업계획 추진 관련 비용이나 교육 활동 추진과 관련된 체험활동비 및 각종 물품 구입비 등)의 업무 처리 시스템을 말한다.

9. 일을 처리하는 태도

　학교 업무는 방학 중인 시기를 제외하고는 학기 중에는 늘 바쁘게 돌아간다.

　특히, 새 학년이 시작되는 3월 한 달은 그야말로 눈코 뜰 새 없을 정도로 폭주하는 업무 처리에 정신이 하나도 없다. 더구나 신입생을 맡은 1학년 담임 교사일 경우 처리하여야 할 업무량은 실로 너무나 많은 게 현실이며, 3월 한 달 동안 처리해야 할 업무가 1년 전체의 양 중에서 60~70% 정도라 해도 과언이 아닐 정도이니, 담임 교사는 1인 5역 혹은 그 이상으로 본인의 능력(?)을 펼쳐 나아갈 수밖에 없는 경우가 태반이다.

　보통 학교 업무를 큰 축으로 나누어 보면 교사가 수행하여야 할 업무가 약 3~4개 부분으로 구성되어 있다는 것을 파악할 수 있다.

- 담임 교사의 업무
- 교과목을 담당하는 교사로서의 업무
- 부서 업무 분장을 담당하는 계원 교사로서의 업무
- 부서 혹은 학과를 총괄하는 부장으로서의 업무

　부장으로서의 업무를 제외하고서도 3가지 축의 큰 업무로 나눌 수 있다는 것을 알 수 있는데 그러면 교사는 평소 과연 어떤 업무에 중점을 두고 업무를 실시하고 있는 것인가?

학교 경력이 많은 교사는 경험적으로 일을 잘 처리해 나가지만 신임 교사일수록 이러한 일을 맞닥뜨릴 경우에 당황스럽고 혼란에 쉽게 빠지기 쉽다. 이런 때는 아래 사항을 참고해 보면 도움이 될 것이다.

첫째, 일에도 우선순위를 두고 실시해야 한다.

우선, 담임 업무를 맡고 있는 교사는 어떤 일보다도 제일 먼저, 학급 경영을 하는 담임 업무에 최우선적으로 일을 분배하여야만 한다. 학급이 안정되지 않으면 담임 교사의 머릿속은 복잡해지고 본인이 맡은 교과와 부서 업무에 집중할 수 없는 것이 일반적이기 때문이다.

그리고 학교에서 담임 교사의 업무야말로 교사 업무 중의 가장 중요한 핵심사항이며 학교생활의 꽃이라고 할 수 있다.

둘째, 방향성이 옳다는 가정하에서 긴급하고 중요한 일이 동시다발적으로 일어난 경우에는, 긴급한 것을 먼저 하고 그 후에 중요한 일을 처리하는 것이 순리에 맞는 일처리 방식이다(공문서 처리일 경우를 예로 들면 일반적으로 기한 〉 양 〉 질 순서).

'사후 약 방문'이라는 속담이 이러한 경우와 딱 맞는 속담이다.

셋째, 교과목에 대한 교재 연구는 그 과목이 처음일 경우 많은 시간과 노력이 필요하므로 주말 시간 동안 부지런하게 준비하고 투자하여야만 한다. 그렇지 않으면 학교 일과 중에 발생하는 담임 업무와 부서의 각종 업무를 처리하느라 학교에서 교재 연구를 할 시간적 여유가 없기 때문이다.

넷째, 신임 교사일수록 어떤 일을 처리할 때는 일에 대한 막연한 두려움을 마음속에 갖지 말고 담담하게 업무처리를 추진하라는 것이다.

초임 교사이거나 그 일을 처음 하는 까닭에 자신감이 떨어지는 것은 당연한 일이지만, 그렇게 주저하는 경우는 보통 이러한 일을 처리한 경험이 없기 때문이며 결론적으로 경험이 무엇보다도 교사들에게는 중요한 'knowhow'가 될 수 있다는 것이다.

이는 담임 업무를 처리할 때나 학교의 어떠한 업무를 처리할 경우에도 똑같이 적용되는 원리로, 어떤 일을 대할 때 '큰 산을 넘었을 때의 경험'을 최대한 많이 쌓아 나가는 것이 필요하다. 이를테면 군대시절 100km 혹은 200km의 긴 행군을 할 때 중간에 몇 번씩이나 중도에서 포기하고 싶은 마음이 누구나 들 것이다. 하지만 끝까지 포기하지 않고 훈련을 무사히 성공하였을 때의 경험이, 사회생활을 하는 과정에서 어떤 힘든 일을 맡거나 맞닥뜨렸을 때에 두렵지 않다는 자신감을 갖게 하는 원동력으로 이어지는 것이 아닐까!! 하고 생각해 본다. 실제로 담임 업무의 경우에 개성이 강한 아이들이 많거나 만만치 않은 학생들이 많이 있는 학급에서는 담임 교사가 생활 지도와 진로 문제를 때로 포기하고 싶을 때가 여러 번 발생할 수 있을 것이다. 그래도 사랑의 힘으로 끝까지 학급 아이들을 포기하지 않고 학년을 마무리할 수 있을 때, 우리는 그때마다 경험이라는 소중한 백신을 자기 몸속에 하나씩 소유하게 될 것이다.

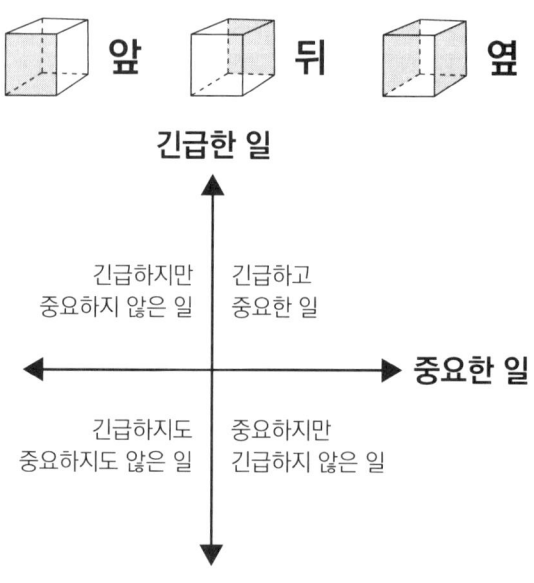

10. 스승의 날 행사

 5월은 가정의 달이기도 하지만 학교 행사 중의 하나로 실시되고 있는 스승의 날이 포함된 달이다.

 스승의 날은 1958년 세계 적십자의 날을 맞이하여 청소년 적십자 단원들이 퇴직한 선생님들을 찾아뵙거나 병중에 계신 은사님을 직접 찾아가 위문하면서 시작되었다고 알고 있다.

 그러나 매년 스승의 날인 5월 15일이 가까이 오면 각 언론사나 정부 기관에서는 교사의 촌지 문화에 대하여 왁자지껄 소란스럽기 그지없으니, 그럴 때마다 교사들은 마음이 씁쓸하다.

 공무원 행동강령에 의하면 교사는 직무 관련자로부터 금전, 부동산, 선물 또는 향응 등의 금품을 받아서는 아니 된다고 규정하고 있으며 이때, 담임 교사의 직무 관련자는 학부모에 해당하므로 '학부모로부터 금품을 수수하는 행위는 공무원 행동강령을 위반하는 것이 된다'는 것이 된다. 이처럼 90년대까지만 해도 학생들의 바른 교육을 위한 사명감으로 각종 어려운 교육 환경하에서도 포기하지 않고 학교 현장에서 묵묵히 노력하고 계시는 전체 선생님들을 대상으로 매도하는 경우가 왕왕 있기도 하였다.

 지금은 호랑이 담배 피우던 시절과 같은 까마득한 옛날이야기가 되었지만 한때는 이러한 촌지 문화를 근절하기 위한 대책으로 스승의 날이 오면 학교를 휴교하는 정책을 실시하기도 하였던 적도 있었다.

　가만히 생각해 보건대 이러한 현상은 교사라는 직업을 단순히 수많은 직업 가운데 한 가지로 생각하는, 이를테면 일종의 노동자로 인식하는 잘못된 문화에서 나타난 결과라고 볼 수 있다. 교사는 많지만 실제로 진정한 스승은 없다는 맥락과 같은 이유이다. 훌륭한 선생이란 교사가 아니라 학생들에게 삶의 깨우침을 일으킬 수 있도록 잔잔한 감흥을 줄 수 있는 스승이어야 한다. 스승으로서 올바른 삶의 모습을 학생들에게 몸소 보여 주고 직접적으로 실천하는 과정에서, 학생들은 스승의 모습에서 지혜를 얻고 스승의 가르침으로부터 비로소 자신을 더욱 성숙한 인간으로 성장시킬 수 있는 계기가 되기 때문이다. 이러한 교육적 효과는 비단 개인의 성장뿐만 아니라 한 나라의 발전에도 지대한 영향을 끼칠 수 있다. 실질적으로 과거 우리나라의 눈부신 경제 성장을 되돌아볼 때 한국의 선생님들은 국가 건설자라는 평가를 얻을 정도로 우리나라는 교육을 통해 기적을 만든 나라이다. 천연자원이 부족한 우리나라가 그토록 눈부신 경제 성장을 이룰 수 있었던 밑바탕에는 인적 자원을 훌륭하게 키워 내신 우리의 위대한 선생님들이 계셨기 때문이 아닐까!!

　우리 선생님들이 평소 행복한 마음을 느낄 때는 갑자기 자신 앞에 거장한 일이 갑자기 발생하는 경우가 아니다. 아이들을 가르치며 그러한 과정에서 참다운 보람을 얻을 때가 바로 행복한 순간이다. 물질적인 주고받음을 떠나서 스승과 제자로서의 끈끈한 인간적인 소통이 이루어질 때, 비로소 가르치고 배우는 자로서의 진정한 교육적 공감대가 이루어진다.

끝으로 요즈음은 학부모로부터 이러한 촌지 논쟁에 연루되지 않기 위해서 많은 노력을 기울이고 있다. 대부분의 학교에서는 스승의 날에는 학생자치회를 통하여 담임 교사를 포함한 전체 교사에게 한 송이의 카네이션을 가슴에 달아 드리는 행사를 하거나 학급 자율 활동 시간을 이용하여 자기를 가르쳐 주신 은사님께 감사의 편지를 쓰는 교육 활동을 운영한다. 이런 방식을 특히 학생들의 인성 교육 차원에서 바람직하다고 강추하며, 진정으로 스승을 존중할 줄 아는 교육 풍토를 조성하기 위해서라도 이러한 행사를 지속적으로 펼쳐 나갈 수 있기를 바란다.

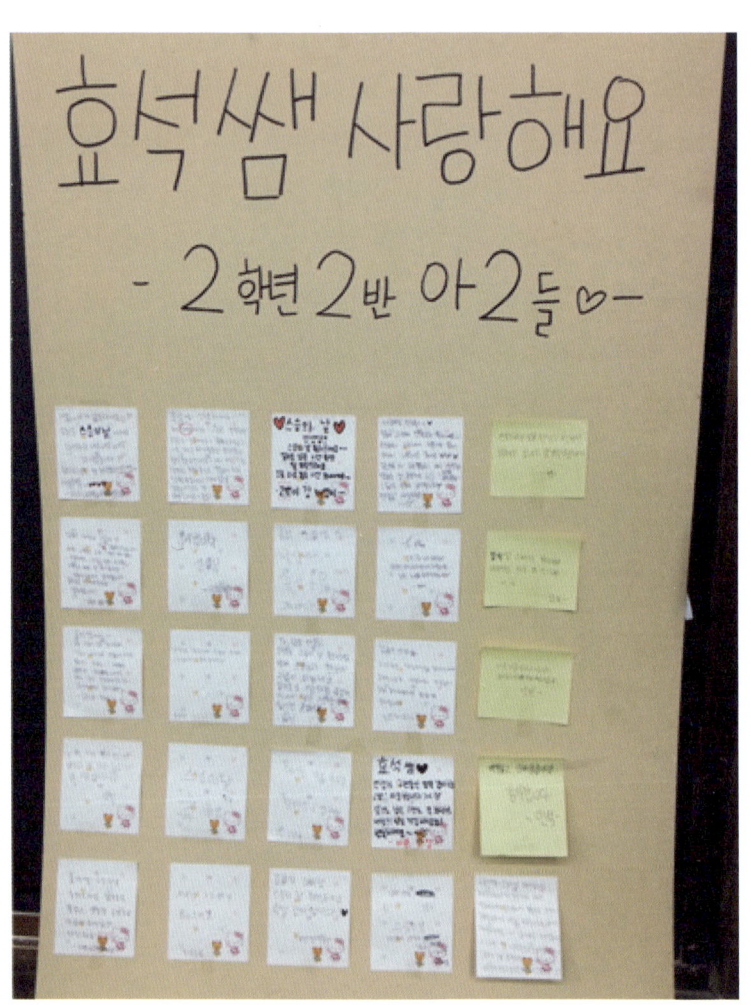

Ⅳ장.
기타 교육 활동 관련 업무

1. 감사 노트 작성

앞서 II-4 협동학습에서 소개한 바와 같이, 학생들이 학교에서 배우는 여러 과정에서는 학생과 교사 혹은 학생과 학생 상호 간에 긍정적인 상호 의존이라는 사회적 기술이 대부분 작용하게 된다. 이때 사회적 기술이 부족한 학생들이 이러한 사회적 기술을 익히기 위해서, 먼저 학생의 자존감을 높일 수 있는 것부터 하나씩 배워 나갈 수 있도록 지도하는 것이 중요하다.

그 대표적인 것의 하나가 감사 노트를 작성해 보는 것이다.

학급 담임 교사일 경우 학급 경영 시 감사 노트 작성을 활용해 보는 것이 정말로 유익하다. 특히 학급 담임 교사의 자율 활동 시간을 활용하여 학생들에게 협동학습에서 사용하는 모둠을 편성하여 운영하면 효율적이다.

이때, 협동학습 구조 모형은 '돌아가며 쓰기 & 이야기하기'이다.

먼저, 모둠별로 각 학생들이 자신이 감사하다고 생각하는 것을 최대한 많이 쓰게 한 다음 '이끔이'부터 시계 방향 순으로 돌아가면서 이야기를 전개하게 한다. 활동을 활기차게 하기 위해서는 담임 교사의 역할이 중요한데, 이때 담임 교사는 각 모둠을 순회하면서 모둠별로 작성 및 발표하는 내용에 대하여 격려와 칭찬 등을 통하여 아낌없는 보상을 하도록 한다.

실제로 시행해 보면 아시겠지만 아이들이 생각하는 감사 내용이 생각보다 많이 있다는 것에 조금 놀라게 될 것이다. 만일, 학생들이 감사할 수 있는 내용을 미처 제대로 생각하지 못하게 되는 경우에는 담임 교사가 2~3가지 예시를 들어 주면 보다 활동이 적극적으로 전개될 것이다.

- 부모님께서 건강하게 생활할 수 있는 몸을 주셔서 감사!
- 학교에 오면 여러 친구들과 이야기를 할 수 있어서 너무나 감사!!
- 아침 출근 시 북한산과 도봉산 능선의 멋진 뷰 파노라마를 감상할 수 있어서 정말 캄사!!!

학급을 경영하다 보면 매사에 부정적이고 무기력한 아이들을 정말 많이 상대해 보아 왔을 것이다. 포기해야 하나? 이렇게 생각하면 교사의 직무를 포기하는 것이니 그럴 수도 없는 일이고, 그렇다고 무작정 강압적으로 지도할 수도 없는 상태이며 더구나 수수방관할 수만은 더욱 안 되는 일이다. 그러므로 우리 교사는 그 변화를 조금씩 시도해 앞으로 나아가야 한다.

감사 노트 작성

창문 열기(돌아가며 쓰기 & 이야기하기 협동학습 구조)

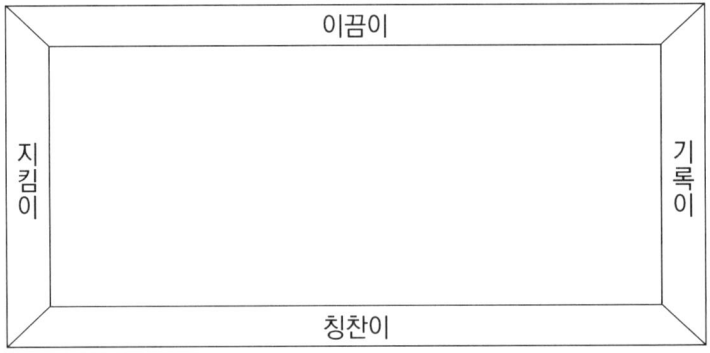

※ 감사한 일 돌아가며 쓰기
- 한 모둠당 4명으로 구성하고 창문 열기 모양의 빈 칸에 이끔이부터 오른쪽으로 돌아가면서 감사한 일 쓰기(이끔이부터 감사한 내용을 1가지씩 오른쪽으로 돌아가면서 계속적으로 쓰기를 하며 가장 많은 모둠 시상)

※ 감사한 일 돌아가며 발표하기
- 창문 열기 모양의 가운데 빈 칸에 모둠별 최종 선정 내용을 작성하기 및 모둠 별 발표하기
  (이끔이부터 오른쪽으로 돌아가면서 감사한 일을 발표하기)

(출처 : pixabay)

2. 긍정적 사고 훈련

일체유심조(一切唯心造)!!

세상 모든 일은 마음먹기에 달려 있다는 내용이지 않는가?

내가 불행하다고 생각하면 세상이 온통 컴컴하고 모든 일이 부조리로 가득 찬 것 같이 생각되지만, 내 마음에 행복을 느끼면 이 세상은 정말 아름답고 살아갈 만한 세상이라고 느껴지게 된다. 우리 학생들의 사회적 기술을 높일 수 있는 방법 중의 하나가, 학급을 맡고 있는 담임 교사가 정기적으로 아이들에게 긍정적인 마인드를 심어 주는 것이다. 물론 하루아침에 결과가 나타나는 것은 아니지만 콩나물시루에 물 주기와 같이 매일 꾸준히 하다 보면 콩나물이 어느새 쑥쑥 자라고 있다는 것을 알 수 있게 된다.

내가 즐겨 사용하는 방법 중의 한 가지는 학생들이 등교하기 전에 미리 교실 칠판에 감흥을 일으킬 만한 주제의 좋은 글을 칠판 가득히 써 놓는 일이다.

주제는 감명 있는 시를 적어도 좋고 그 어떤 좋은 글이라도 상관없으며, 학기별 상황에 맞는 내용을 적어 우리 학생들의 가슴속에 잔잔한 파도를 일으키게 하면 충분하다.

〈국화 옆에서〉

- 미당 서정주

한 송이의 국화꽃을 피우기 위해
봄부터 소쩍새는
그렇게 울었나 보다

〈삶이 그대를 속일지라도〉

- 알렉산드르 푸시킨

〈우리 사는 동안에〉

- 이정하

행복은 반드시 타워팰리스 48층에만 있는 것도 아니며 BMW 고급 승용차 뒷자리에만 있는 것도 아닙니다. 어쩌면 행복은 소나기를 피해 들어간 이름 모를 카페에서 마신 한 잔의 모카커피에 녹아 있을지도 모르고, 출근길 만원 지하철에서 운 좋게 당신 차지가 된 빈자리에 놓여 있을지도 모르고, 밤새 작업을 마치고 집으로 돌아오는 길에 만나는 싸한 새벽 공기에 스며 있을지도 모릅니다. 행복은 늘 그렇게 가까운 곳에 있습니다. 행복해지고 싶다면 노력해야 합니다. 집을 깔끔하게 정리하듯 내 마음에서 버릴 것은 버리고, 지킬 것은 지켜야 합니다. 내게 소중하고 아름다운 기억과 칭찬의 말들은 간직해도 좋지만, 필요도 없는 비난이나 고통은 쓰레기나 잡동사니 치우듯이 과감히 버려야 합니다. 에이브러햄 링컨이 말했습니다. "사람은 행복하기로 마음먹은 만큼 행복하다"라고요. 지금 있는 그 자리에 행복이 있습니다.

〈흔들리며 피는 꽃〉

- 도종환

흔들리지 않고 피는 꽃이 어디 있으랴
이 세상 그 어떤 아름다운 꽃들도
다 흔들리며 피었나니
흔들리면서 줄기를 곧게 세웠나니

흔들리지 않고 사는 사람이 어디 있으랴
젖지 않고 피는 꽃이 어디 있으랴
이 세상 그 어떤 빛나는 꽃들도
다 젖으며 젖으며 피었나니
바람과 비에 젖으며 꽃잎 따뜻하게 피웠나니

젖지 않고 가는 삶이 어디 있으랴

또 다른 한 가지는 협동학습에서 활용하는 방법으로서 학급 온도계를 활용하여 학급 경영을 하는 것이다.

모둠별 구성을 먼저 한 다음에 학급에서 온도가 올라가는 일(좋은 일, 칭찬받는 일)과 온도가 내려가는 일(나쁜 일, 잘못한 일)의 종류를 정하고 영상 온도와 영하 온도를 정한다. 담당자는 하루의 생활을 정리하여 종례 시간에 온도계를 기록하고 금요일마다 통계를 내서 모둠별 혹은 학급 전체별로 상승 혹은 하락한 온도를 반성하거나 칭찬하게 한다.

이렇게 하면 학급 전체의 온도를 높이기 위해 모둠별 경쟁이 아닌 학급 전체의 협동심이 높아질 수 있다. 담임 교사는 온도계를 4~5단계로 나누어 각 단계별 온도에 도달하였을 때 학생들에게 적절한 보상을 실시해야 한다. 협동학습 강좌 시간이 아니므로 간략히 설명함을 이해하시기 바라며 자세한 내용은 협동학습연구회에서 발간한 『아이들과 함께하는 협동학습 2』를 참고하시기 바란다.

우리 학생들의 긍정적인 행동 변화는 절대로 하루아침에 변화되지 않는 것이다. 학생들의 머릿속에 교사의 참다운 모습이 담긴 사진첩이 늘어나고 긍정적인 경험을 늘려 갈 수 있도록 하는 것이 우리 교사의 역할이므로, 다시 한번 말하지만 우리 교사는 학생들과의 관계에 있어서 끝없는 인내와 관심을 가지고 사랑을 베풀어야 하는 존재이지 않을까!!

〈학급 온도계〉

3. 생활 지도(사제 동행)

담임을 맡은 경우 학생들과의 상담이 꼭 교실이나 교무실과 같은 실내에서만 이루어지는 것은 아니다. 사제 동행 산행을 통하여 학생들의 긍정적인 행동 변화를 모색할 수 있으며 산을 오르는 동안 문제 학생과 자연스럽게 이야기를 나누는 과정을 통하여 아이들의 마음을 서서히 변화시켜 나갈 수도 있다.

그래서 다른 학교에서도 실시하는 경우가 많겠지만, 내가 다니고 있는 학교에서는 학생들이 여러 가지 교칙을 위반하여 선도교육위원회(선도위) 조치 사항을 받을 때 사제 동행 산행을 실시하는 방법을 많이 사용하고 있다.

선도위 실시 초기에는 수도권 인근의 여러 산을 학생들과 함께 다녔는데, 동행한 산들은 대표적으로 북한산, 도봉산, 불곡산, 감악산, 박달산, 봉서산 등이 있다.

다음은 사제 동행 산행의 예시를 나타낸 것이다.

학생이 해서는 안 될 흡연을 하다가 적발되어 선도위의 징계를 받은 경우인데 이 학생이 꿈꾸던 진로 목표는 부사관이 되는 것이었다.

부사관으로 합격하기 위해서는 1차 시험인 한국사 과목을 통과하고 2차 체력 검증에서 우수한 체력결과를 보여야 하는데, 흡연을 많이 하고 있는 관계로 좋은 결과가 나오지 않는 것은 당연한 일이었다. 이럴 경우에 이 학생의 마음을 가장 변화시킬 수 있는 사람은 누구인지를 곰곰이 생각해 보았다. 그런 다음 등산을 하는 과정 동안 가족관계 등에 대하여 자연스럽게 대화를 해 봄으로써 도움을 많이 줄 수 있었다. 이 학생은 흡연을 많이 하고 있지만, 졸업 후 당당하게 부사관이 되어서 어머니에게 자랑스러운 아들이 되려고 하는 등 평소에도 어머니를 끔찍이 사랑하던 아이였다. 그래서 상담 과정 동안 어머니를 학생의 가슴에 내내 새기고 노력할 수 있도록 반복적인 자극을 주는 방법을 계속적으로 사용하였다. 이 학생은 다행히도 그때의 산행을 계기로 금연을 실시하였고 그 후 특전사 부사관으로 당당히 임관하였다.

양주시에 있는 불곡산 사제 동행 단체 산행도 소개하고자 한다.
불곡산 입구에 이르렀을 때 갑자기 폭우가 쏟아지는 사태가 발생하자 학생들의 안전을 위하여 잠시 근처의 휴게소에서 쉬고 있는데 어디선가 사물놀이 가락 소리가 크게 들려왔다. 소리가 나는 인근의 야외 공연 장소로 이동해 보니 양주 별산대 놀이 춤을 단원들이 흥겹게 추고 있는 것이 아닌가! 우리 학생들과 교사 모두는 우중 산행을 더 이상 진행할 수 없다고 판단하고 함께 공연을 관람했는데, 그런 차에 친절하게도 단원들이 우리에게 별산대놀이 춤을 가르쳐 준다고 하였다. 그래서 학생들의 교육적 측면에서도 큰 도움이 될 것으로 생각하여 교사들이 협의한 후에 강사의 가르침에 따라 우리들은 어설픈 동작을 하나하나씩 배워 나갈 수 있었으며 한참 후에는 학생과 교사들 모두 함께 어우러져 별산대놀이 춤으로 대동단결(?)하는 경지에 이르렀다. 3시간가량의 사물놀이 춤을 추는데 웬 땀이 구슬처럼 그리도 많이 뚝뚝 흘러내리는지, 직접 경험해 보니 참으로 어렵다는 것을 알게 되었다.

한편 우리가 처음 계획하였던 것은 사제 동행 산행이었는데 인생도 그렇고 모든 게 계획대로만 되지 않는다는 것을 또 한 번 깨닫게 되는 계기가 되었으니, 이 또한 우리 학생들을 위한 소중한 생활 지도 추억이 될 수 있었다!!

이상 소개한 사제 동행 산행 이외에도 교사는 말보다는 항상 행동으로 학생들에게 사회적 기술을 보여 주어야 한다.

예를 들면, 아침 교내 봉사 시간 때 교사가 먼저 학교 교문에서 부터 교내 구석구석을 빗자루로 청소하면서 솔선수범하는 모습을 보인다면 그 학급의 학생들도 담임 교사를 본받아 봉사 활동을 게을리하는 일 없이 적극적으로 실시해 나갈 수 있는 것이다.

그러므로 학생들에 대한 교사의 인내심과 관심은 일순간에 그치지 말고 끝없이 이어 나가야만 한다.

4. 교육에는 왕도가 없다

흔히 교육에 왕도는 없다고 한다. '담임 교사가 학생들을 교육할 때 어떻게 하는 것이 가장 현명한 지도 방법일까?', '학생들에게 무엇을 가르쳐야 교육적으로 큰 목적을 달성할 수 있을까?' 등등…. 아마 학교에 초임 교사로서 부임하고 나서 약 5년 정도 동안, 많은 선생님들이 이 문제의 해답을 찾으려고 무척 고심을 하였을 것이다. 그러나 우리 학생들의 교육을 담당하는 각 선생님들의 교육관과 경험 및 개성의 차이로 인하여, 획일적으로 '이렇게 하는 것이 교육의 최선의 방법이다'라고 확정 지을 수 있는 왕도는 없을 수밖에 없다. 담임을 맡아 보면 A선생님은 학생들의 진로 지도를 잘하고 계시고, B선생님은 생활 지도를 완벽하게 하시는 반면, C선생님은 학생들과의 유대관계 면에서 래포가 정말 잘 형성되게 학급을 이끌어 가는 등 그야말로 각 선생님마다 다양한 장점과 특색을 발견하게 되는 경우를 쉽게 찾아볼 수 있다.

하지만, 여기서 소개한 모든 선생님들에게는 공통된 특징이 한 가지 있는데 그것은 바로 학생들에 대한 끝없는 열정(passion)이다.

초임 교사에게도 열정은 있지만 그것을 효과적으로 발휘하게 할 방법적인 면이 서투르기 때문에, 어느 학교이든지 그러한 열정적인 교사는 대부분 교사 경력을 약 5년여 이상 갖춘 선생님들에게서 쉽게 발견할 수 있다.

　따라서 어떤 학교 혹은 어떤 학급이든지 간에 그 조직 전체가 발전적인 방향으로 나아가려면 이러한 열정적인 태도를 가지고 있는 선생님들이 많을수록 좋다. 열정적인 선생님의 수가 많을수록 그 학교의 교직 문화는 분명히 긍정적인 방향으로 나아갈 수 있을 것이다.

　교직 발령을 받고 처음 그 학교로 출근한 신임 교사들이 선배 멘토 교사들의 이러한 뜨거운 열정적인 자세를 수시로 마주치게 될 때 그들 역시 몇 년 후에는 자신도 모르는 사이에 선배 교사들을 점점 닮아 가게 될 것이다.

　나는 열정의 또 다른 이름을 노력과 성실이라고 생각한다. 하루 5~6시간 이상의 교과 수업으로 지친 상태임에도 불구하고 종례를 실시한 후에 학급 학생들을 상대로 교무실에서 진지하게 상담 지도하고 계시는 담임 교사들의 모습은 얼마나 아름답고 멋진가!! 우리 학생들에 대한 열정이 있기에 피곤함을 무릅쓰고 담임 교사로서 자신의 역할을 성실히 수행해 나가고 있지 않을까~^^

5. 학생들과의 소통 종류

'근자감', '소확행', '비호감', 야리다, 쌩까다 등등…. 학생들이 사용하는 언어는 친근감의 표현으로도 사용되며 그들 학생(본인)끼리 통하는 말이 있는데 교사가 학생들의 언어를 완전히 이해하지 못한다면 사실상 학생들과의 의사소통을 온전히 이어 갈 수 없어 세대 차이를 심하게 느끼게 한다.

특히, 담임 교사의 역할을 할 경우에는 더욱 더 학생들과의 이러한 소통이 중요한 경우가 많다.

일상적인 대화를 제외하고 교사가 학생들과 의사소통을 하는 방법으로 전화, 문자 메시지, 카톡, 전자 메일, 기타 SNS 등이 있겠지만 어떤 방법을 가장 많이 사용하고 있을까?

보통, 학생과 1:1로 이루어지는 대화일 경우에는 전화나 카톡, 문자 메시지를 많이 이용할 터이지만 단체 대화를 하고자 할 경우에는 SNS나 단체 카톡방(단카방)을 개설하여 의사소통을 하는 것이 비교적 일반적이다.

학급 경영을 하다 보면 학생들에게 시급하게 전달해야 할 사항이 종종 발생하게 되는데, 이럴 경우 학급 단체 카톡방을 개설하여 운영하는 것이 여러 가지 면에서 좋은 점이 많다. 그러나 위에서 예를 든 것과 같은 은어를 많이 사용할 뿐만 아니라 심지어는 상대방을 비방하는 욕설과 이모티콘 등을 너무 남발하는 경우가 있다. 그래서 학기 초에 학급 규칙 세우기를 반드시 실시하여야 하며 이때 학급 단체 카톡방에서 하지 말아야 할 규칙 등을 정해서 실시해 보면 학급 경영에 많은 도움이 될 것이다. 내가 맡은 학급의 경우 단체 카톡방에서는 욕설과 상대방을 비방(까는 행위 포함)하는 행동은 하지 않는 것으로 방침을 정하여 사용하였으며 간혹, 이런 조짐이 보일 경우 담임 교사가 간단하게 훈화(언어가 인간의 사고를 지배하는 경우가 많다는 것을 강조하면서)하는 것까지는 좋으나, 카톡상에서 그 학생에게 직접적으로 제지하는 행동보다는 학급의 회장, 부회장 등 학급 자치회 임원들이 주도적으로 나서서 학급 단체 카톡방의 질서를 유지해 나가도록 하는 자율적인 방법이 훨씬 더 효과적이다. 왜냐하면 학급 단체 카톡방이기 때문에, 교사가 너무 강압적으로 지시를 할 경우에는 학생들이 본 단카방을 형식적으로 사용하고 담임 교사가 입장하지 못하는 제2의 단카방을 새롭게 개설하여 학생들끼리만 운영하게 될 경우도 있기 때문이다. 그리고 학급 단체 카톡방을 잘 활용하면 학생들의 학습의욕을 높이게 하는 방법이나 급우들 간의 관계 성향을 잘 파악할 수 있을 뿐만 아니라 학생 생활 지도를 할 때 많은 도움을 받을 수도 있는 등 여러 가지 장점이 있으니 적극적으로 잘 활용하시기 바란다.

6. 양복 정장 vs 캐주얼 복장

 학창시절 수업 중 선생님이 교실에 앉아 있는 학생들 옆으로 지나갈 때 신선한 스피아민트 향수 냄새가 은은하게 퍼지던 기억을 모두 한 번쯤은 체험하였을 것이다. 그때 그 선생님의 모습은 오랫동안 아름다운 추억에 잠길 정도로 우리들의 기억에 여전히 남아 있다. 학교 현장에서는 재학생이 아닌 졸업생들이 졸업 후에 담임 교사나 교과목을 가르쳤던 선생님들을 만나러 학교에 찾아오는 경우가 종종 있다. 제자들이 선생님을 만나기 위해 학교를 졸업한 후에도 잊지 않고 찾아온다는 것은 정말 반갑고, 교직 생활 중 보람을 느낄 수 있는 일 중의 하나일 수밖에 없다.
 오래전에 있었던 일이다. 내가 첫 담임을 맡았던 학생들이 반갑게도 교무실로 담임 교사인 나를 찾아왔는데 20여 년 만에 만나서 그런지 정말로 반가웠다. 오랜만에 만난 탓에 제자들과 방과 후에 저녁을 먹으면서 그동안 지냈던 일과 이런저런 이야기로 그야말로 시간 가는 줄 모를 정도로 많은 이야기를 나누었는데, 그 아이들이 하는 다음과 같은 말에 나는 잠깐 멍할 정도로 신선한 충격을 받았다. "그때 선생님은 항상 양복을 입고 계셔서 선생님이 아니라 마치 회사원 같았어요. 그래서 저희들은 선생님이 너무 어렵게 느껴져서 쉽게 다가갈 수 없었어요." 나의 첫 제자들에게 숨김없는 솔직한 이야기를 듣고 나니 괜히 미안해지는 느낌이 들 수밖에 없었으므로, 나는 그날 그 제자들에게 다음과 같은 말로 진심으로 사죄(?)하였다. "내가 그때 기업체에서 생활하다가 학교로 처음 부임한 초보 선생님이라 그렇게 하였던 것 같구나! 그때는 모든 게 서툴러서 미안해!!" 그날 이후부터 나의 복장에도 조금씩 변화가 보이기 시작하였다. 사실, 그때까지만 하여도 옛날 생각에 집착한 나머지 학생들의 생각은 고려하지 않고 '교사는 학생들을 가르칠 때 권위가 있는 모습을 보여야만 한다'고 생각하였는데, 매일 똑같은 모습의 양복만 입고 있는 내 모습을 보면서 조회 혹은 수업 시간 중 학생들이 얼마나 지겹게 느꼈을까!!

그날 이후부터 나의 복장에도 변화가 있게 되었는데 우선, 학교의 중요한 행사가 있는 날에는 양복을 입고 그 외의 다른 날은 경쾌한 복장의 캐주얼 차림으로 바뀌었다. 그리고 나의 입장에서 옷을 입지 말고 우리 학교의 고객인 학생들의 입장에서 옷을 선택하는 쪽으로 생각도 바뀌게 되었다. 아울러, 패션에도 변화를 주자!! 아침 학급 조회 시간이나 일반 교과 시간에 착용하는 나의 옷차림 변화를 활용하여 학생들에게 좀 더 활력(Active)이 있는 하루하루가 되게 하자!! 권위, 딱딱한 이미지의 양복 정장 대신 유연하고(Flexible), 부드러운 인상의 캐주얼 복장으로 탈바꿈하게 해 준 우리 아이들에게서 정말 많은 것을 배우고 있다!!

vs

7. 교직을 해서는 안 되는 사람 - 관계, 공감 능력

　우리가 흔히 교사의 인격 또는 인간성이라고 부르기도 하는 교사의 사회적 기술은 교직 생활을 해 나가는 데 있어서 정말로 중요한 요소이다. 교사의 사회적 기술의 뒷받침이 없는 가르침은 때때로 위선으로 느껴지기도 하고, 어떤 경우에는 냉소적인 반응으로 나타나기도 한다.
　교사란 무엇인가? 교사란 가르치고 배우는 사람이다. 나아가서는, 진정한 교사는 배우고자 하는 지적 호기심이 끝이 없고 가르치려고 하는 열정을 오랫동안 지속해서 펼쳐 나갈 수 있어야 한다. 우선 배우고자 할 때에는 가르치는 상대의 의견이나 이론을 잘 수용한 다음 자신의 것으로 온전히 이해하고자 하는 수용적인 자세가 앞서야 하며, 그다음으로는 노력과 성실한 자세로 임하여야 하는 것이 당연한 절차이다. 그러나 교사는 미성숙한 학생을 상대로 가르치는 것을 소명으로 하는 사람이므로 '가르친다'는 본업 이전에 학생들과의 관계를 우선적으로 잘 형성하여야 하며 그들의 입장을 함께 공감할 줄 아는 사람이 되어야 한다. 또한, 교사가 가르치기 위해서는 먼저 배움이 앞서야 하기에, 각종 직무연수나 자격연수 등을 통하여 이러한 과정을 헤쳐 나간다. 하지만 배우는 자의 입장에서는 가르치는 교사와는 달리 언제나 어렵고 때로는 포기하고 싶은 마음이 들기도 하는 등 수많은 인내가 요구된다. 그러므로 교사는 학생들을 가르칠 때 그들의 입장을 역지사지의 마음가짐으로 충분히 공감할 줄 아는 이해력과 포용력이 필요한 것이다.

또한, 교사가 업무를 수행해 나가는 과정에서 교직은 학생들과의 관계 형성과 공감 능력도 중요하지만 동료 교사들과의 상호 협력이 절실히 요구되는 분야이다. 대부분의 교직 사회의 경우 개인적으로 두뇌가 우수한 교사보다는 동료 교사 간에 협동할 줄 아는 사람이 훨씬 학교라는 조직사회에 필요한 인재이다. 그러나 실제 학교 현장에서는 어느 학교에서나 흔히 볼 수 있는 것과 같이 자신의 업무 처리만을 우선순위로 하고, 학교 내 타부서 혹은 다른 업무를 맡고 있는 교사들의 업무는 등한시한 채 그들이 요구하는 정도의 수준과 시간에 제대로 협조를 하지 않고 있는 경우가 종종 발생하고 있는데 참으로 안타까운 현실이다. 학교의 모든 학사 행정 업무 처리는 전 교사의 업무 협조가 제때에 긴밀히 이루어질 때 시계 톱니바퀴처럼 어긋남이 없이 원활하게 이루어진다. 그러나 소수의 교사가 비협조적일 경우에는 그만큼 학사 일정이 늦게 처리될 수밖에 없다. 따라서 교사로서 교직을 수행함에 있어서 무엇보다도 필요한 사회적 기술인 관계와 공감 능력의 중요성을 깨닫고 익혀 나갈 줄 알아야 하며 협동심을 가진 교사로서 생활해 나가야 한다.

(출처 : pixabay)

8. 교외 체험 활동

　학생들에게 교외 체험 활동은 교내 교과 수업 활동에서는 배우지 못하는 각종 활동을 온 몸으로 보고, 듣고, 느끼는 과정을 통하여 체득하면서 이루어지는 활동이므로 학생들의 전인적 교육 면에서 정말 중요한 교육 활동이라고 할 수 있다. 어떤 면에서는 학교 내에서 학습에 지친 학생들에게 삶의 활력소가 될 수 있는 기회를 제공할 수 있을 뿐만 아니라, 학교를 졸업 후 성인이 되었을 때 한 편의 아름다운 추억으로 평생 동안 남아 있을 정도로 지난날을 되돌아볼 수 있는 소중한 시간이 될 수도 있을 것이다.
　지난 중·고등학교의 학창 시절을 되돌아볼 때, 다른 사람도 마찬가지이겠지만 나 역시 기억에 남는 것으로 친구들과 함께한 단체 체험 활동인 수학여행을 단연 가장 아름다운 추억으로 꼽곤 한다.

　교외 체험활동은 보통 학년별로 교육 과정을 다르게 편성하여 운용하는 경우가 많은데, 학교 외에서 실시하기 때문에 체험 활동 중의 안전사고 방지를 위한 방안을 포함하여 교내 활동보다 여러 가지 면을 신중하게 고려하여 활동 내용과 과정을 추진하여야 한다.
　또한, 각종 체험 활동 인솔 시 사고 발생이 일어나지 않도록 교사들은 학생들의 행동을 주의 깊게 관찰하면서 집중적으로 학생들을 살펴야 한다.

즉, 체험 활동의 학교 기능은 배움과 돌봄의 연속적인 과정이라고 보아야 할 것이며 일방적인 돌봄 활동(OO월드, OOOO 놀이기구 타기)은 지양하는 것이 좋을 것이다.

세월호 사건 이전과는 다르게 요즈음의 각 학교에서 실시하는 체험 활동은 학급별 혹은 학과별 단위의 소규모로 진행하는 것이 대부분이라, 소규모 운영 특성상 담임 교사간의 결속력과 의사소통도 중요한 일이다. 왜냐하면 옆 반 학생들 모두 인솔 교사들의 행동을 은연중에 배우게 되므로, 잠재적 교육 과정 측면에서 교사들은 이러한 상호 작용을 항상 염두에 두고 조심스럽게 행동하여야 한다. 아울러, 고등학교의 경우 학년별로 교육 과정을 편성·운용하는 것이 일반적이며 다음은 내가 재직하고 있는 학교에서 실시하고 있는 학년별 사례를 참고로 적어 본 것이다.

- 1학년: 신입생 수련회, Job World, 꽃동네 봉사활동 등

- 2학년: 문화탐방(예전의 수학여행), 영어마을, 율곡 연수원 전통 예절 체험 등

- 3학년: KOEX(KINTEX), EXPO 체험활동, 수능 이후 다양한 프로그램 운용 등

이상과 같이 교외 체험 활동의 종류를 살펴본 바와 같이, 학생들의 교육 활동을 위해서 교사들은 체험 활동 인솔 시나 체험 활동 장소 내에서 항상 신경을 써야 할 사항이 한두 가지가 아니라는 것을 알 수 있다. 차라리 교사의 입장에서는 교실에서 수업을 하는 것이 교외 체험 활동보다 훨씬 편하다고 느낄 수 있겠으나 교사란 직분이 어찌 자신의 편한 것만을 추구하고자 업무를 수행하는 직업이겠는가? 학생들의 전인적인 성장을 위해서 다소 힘들고 귀찮은 일이 있더라도 묵묵히 자신의 자리에서 최선을 다하는 자세로 생활해 나가는 것이 우리 교사의 소명이지 않겠는가!!

○○ 고등학교 제주도 문학체험 2011.9.19~22

9. 봉사 활동

   현재 각 학교에서 실시되고 있는 봉사 활동이, 대학 진학과 각종 기업체의 취업을 위한 일종의 스펙 쌓기의 과정으로 일부 잘못 운영되고 있는 교육적 현실에 참으로 안타까운 심정이다.
   그러나 진정한 봉사 활동이란 이러한 목적 달성을 위한 수단이 아니라 더불어 살아가고 있는 우리의 인간관계에 있어서 반드시 없어서는 안 될, 한 인격체로 성장하기 위해서 꼭 필요한 요소이다. 이런 관점에서 학생들의 교육을 담당하고 있는 우리 교사들이 그들에게 소중한 인성을 함양할 수 있게끔 교육적으로 지도하는 것은 참으로 가슴 뿌듯한 일이라고 할 수 있다.

   교직을 수행하는 동안 여러 가지 종류의 봉사활동('음성 꽃동네', '해비타트 사랑의 집짓기', '사랑의 연탄 나르기', '김장 나누기 활동', '글로벌 희망나눔 운동화 만들기', '사랑의 벽화 그리기', '중증 장애우들과 함께하는 주보라의 집' 등)을 학생들과 함께 하였던 것은 정말 보람 있는 일로 여겨진다. 힘든 봉사 활동을 마치는 시점에서 항상 우리 학생들은 밝은 표정으로 환하게 웃는 모습이었으며, 처음에는 도움을 주기 위해 그들을 찾아갔지만 나중에는 오히려 그분들로부터 마음속으로 도움을 더 많이 듬뿍 받고 오는 경우가 대부분이었다. 봉사 활동을 나가 보면 경제적 형편이 참으로 어려운 분들이 주위에 의외로 많다는 것을 알 수 있으며, 몸이 불편한 장애우들을 쉽게 만날 수가 있었다.

  기억에 오랫동안 남아 있는 봉사활동으로 음성 꽃동네 봉사활동과 해비타트 사랑의 집짓기 봉사활동을 꼽을 수 있다.
  "행복이란 만족한 삶이다!" 꽃동네 사랑의 연수원 입구에 새겨져 있는 감동적인 문구이다. 자기 혼자서는 식사하는 것도 얼굴을 씻는 것뿐만이 아니라 어떤 쉬운 일도 할 수 없는 중증 장애우들을 보살피며 옆에서 친구가 되어서 대화를 해 나가는 과정에서, 그들과 달리 건강한 신체를 가지고 태어나 생활할 수 있다는 그 사실만으로 학생들이 참으로 감사함을 배우고 진정한 행복이 무엇인지 소중함을 느낄 수 있는 계기가 되었다고 생각한다.
  또한, 한여름 7월의 뜨거운 폭염 속에서도 '해비타트 사랑의 집짓기' 봉사활동을 나갔을 때의 일도 있다. 비가 샐 정도로 다 쓰러져 가는 집에서 혼자 살고 계신 독거노인분들의 집을 방문하여 천장과 벽을 정성스럽게 도배 작업 하는 모습을 보았을 때는 아이들에 대한 찡한 감동과 대견스러움을 담임 교사로서 느낄 수가 있었다.
  이 외에도 사랑의 연탄 나르기 봉사활동과 글로벌 희망나눔 운동화 만들기 및 김장 나눔 봉사활동, 사랑의 벽화 그리기 봉사활동 등등….
  평소 학교 교실에서는 수업에 집중하지 못하던 아이들 중에서도 봉사활동 과정에서는 누구보다도 부지런한 모습을 보이며 다른 사람을 먼저 배려하는 따뜻한 마음씨와 태도를 보이는 경우도 있었다. 이를 눈앞에서 직접 목격하였을 때, 아이들로부터 크나큰 울림을 또 한 번 배우기도 하였다.

'사람을 함부로 평가해서는 안 되겠구나!!'

그러나 오늘날 이러한 봉사 활동의 중요성과 가치는 학교 현장에서 다른 활동에 점점 밀려나고 있는 실정이라 정말 안타까운 현실이 아닐 수 없다.

학교 현장은 정부와 교육의 실험장이 된 지 오래이다. 몇몇 진보 교육감들의 지나친 학생 인권 강조 정책으로 교사의 인권과 학교의 교칙은 무너지고 있는 실정이며, 학생 봉사 활동의 영역은 점점 감소하고 있는 현실을 우리 모두 다 함께 심각하게 고민하고 개선해 나가야 할 것이다.

또한, 오늘 이 시간 누구보다도 자기의 자리에서 교직에 묵묵히 임하고 계신 여러 선생님께서도 다음과 같이 간절히 소망하고 계실 것이다. '인성 교육 본연의 목표를 달성하기 위해서 학생 봉사 활동의 중요성은 앞으로도 계속적으로 더욱 강조되어야 할 것이다!!'

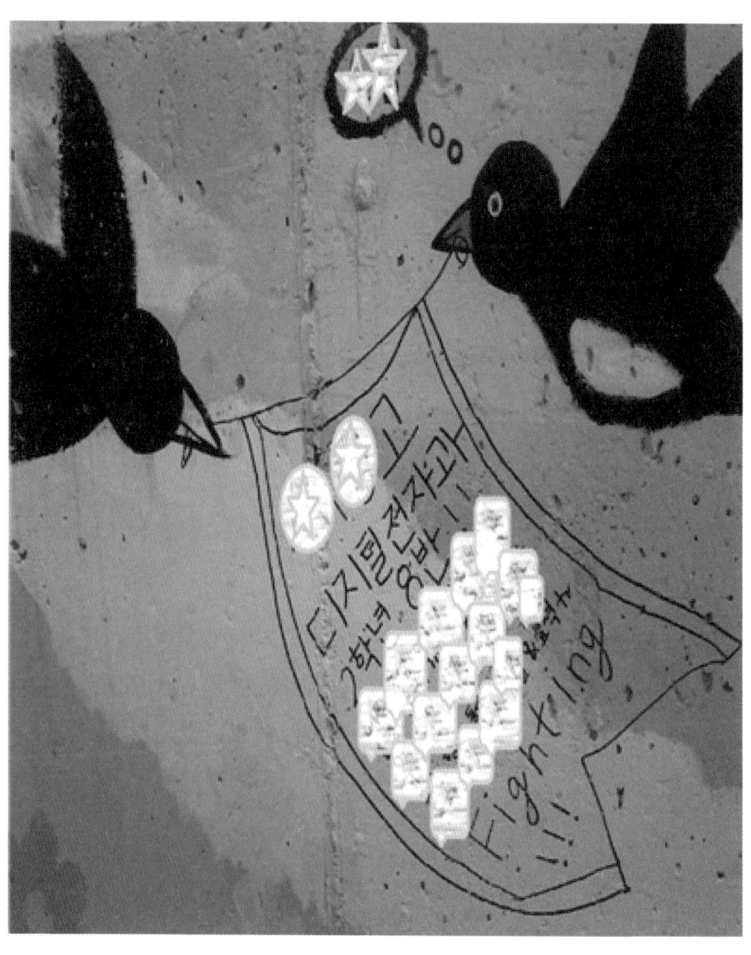

10. 손 편지

요즈음은 E-mail, 문자 혹은 카톡 및 SNS를 통하여 의사소통을 많이 하고 있는 관계로, 실제로 손으로 쓰는 편지를 접할 기회가 거의 없는 경우가 대부분이다.

아이들도 평소에는 손 편지를 쓸 일이 없지만 스승의 날이나 다른 특별한 날에는 자기를 가르쳐 주신 담임 선생님이나 교과목 선생님께 진심으로 감사의 인사를 드리기 위하여 손으로 작성한 편지를 전달하는 경우가 있는데 인성 교육 관점에서 볼 때 교육적 효과가 크고 아주 바람직한 현상이다.

조금 특별한 경우를 소개해 보고자 한다.

3학년 재학생 중 부사관에 최종 합격하여 입대를 하게 될 경우 보통은 11월이나 12월경에 부사관 학교에 입소를 하게 되는데, 훈련 기간이 약 5개월 이상인 관계로 학교의 졸업식에 안타깝게도 참석할 수 없게 된다. 그래서 각 부대에서는 졸업식에 참석하지 못하는 부사관 훈련생들을 위하여 부대 내에서 합동 고교 졸업식 행사를 열어 준다. 이때 각 학교의 도움을 받아 졸업장 수여식을 하게 되며 이때 담임 교사가 직접 쓴 손 편지를 훈련생들에게 격려와 위로 차원에서 전달하는 의식을 실시한다. 이러한 경우 담임 교사는 훈련

중인 학생들이 바로 자기 자신의 아들처럼 여겨지게 될 것이며 제자에 대한 측은지심의 마음가짐으로 한 글자 한 글자씩 손 편지지 위에 정성을 다하여 편지를 써 내려갈 것이다(반가움에 편지를 받고 기뻐하며 그동안의 학창 시절을 그리워 할 제자의 얼굴을 가만히 떠올리며…).

교직 생활 중 우리 아이들에게서 받은 소중한 감사 편지와, 위의 사례에 나온 훈련소로 발송한 기억에 남는 편지 몇 가지를 소개해 본다.

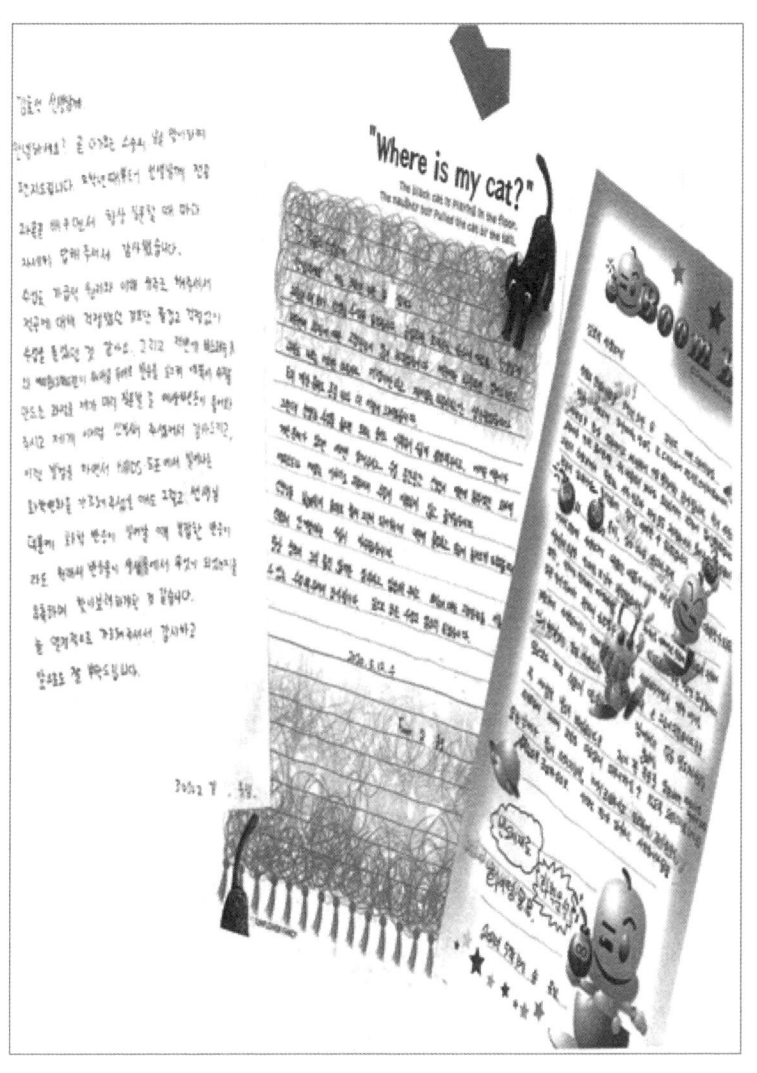

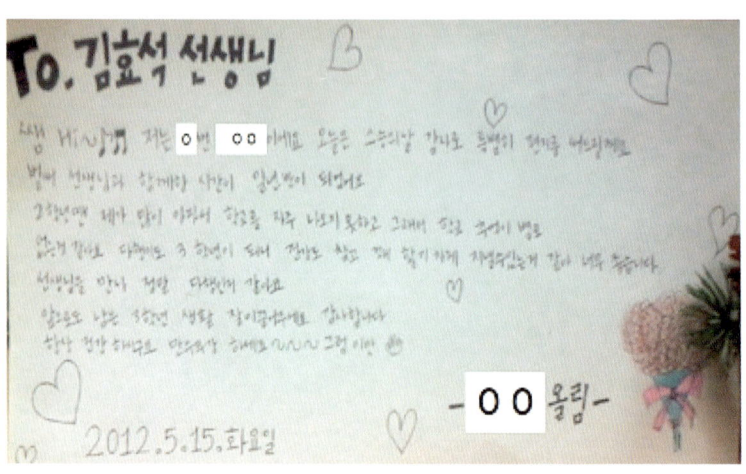

IV장. 기타 교육 활동 관련 업무

To : 수제자 ○○ 에게

○○야 몸건강하게 잘지내고 있니?
우리 ○○가 지난달 23일 부사관 임대를 커업으로 어느덧 오늘로 정월 재를 맞이하게 되는구나 !!

지난주 목요일 부사관 학교 ○○ 교관님으로부터 ○○ 소식을 반갑게 듣고 이렇게 편지 쓰게되었다.

○○야 처음으로 가족과 고향을 떠나 크리스마스와 연말연시를 머나먼 타향에서 맞이하여 낯선것들이 생각나지? 그리고 훈련은 잘 받고있니? 솔직한 면에, 우리○○가 이러한 과정을 담담하게 잘 견디고 잔잔하게 찬찬하게도 거뜬히 극복해 나갈 것을 굳게 믿는다.

○○야 선생도 지난 군시절 (육군병장 임병장)을 생각해보면 그 당시에는 정말 힘들고 괴로운 것만 같았는데 돌이켜보면 그러한 인고의 시간이 나 자신을 한 인간으로서 훨씬 더 성숙되게 거듭날 수 있었던 계기가 되었던 것 같아. 그리고 그 당시에도 지금도 내가 가장 좋아하는 노래로 하나 강추할께 "이 또한 지나가리라 ~" ○○야 힘들때 꼭 되내이며 기뻔 가슴이 될거야 ~

○○야 대디 신간 경기지역은 지난주부터 폭설이 많이 내리고 있는데 훈련 받고있는 그곳 충전쪽은 어떠니? 기록적인 강추위다 폭설에 건강에 특히 유의하고 성실하기를 바란다 (글 인스의 부님께는 최고의 교도인 것 잘 알고있다.)

그리고, 우리 ○○가 수거반에서 체력 면에 임대를 쉬게되어 아쉽지만 선생님이 유독 각별히 더 선각이 많이 나는 요즘이야. 지난주미는 동계 방학작공 차고 ○○ 어가와 함께 먹으면서 숲반티로 차였는데 오늘 어제도 ○○ 네가

깨변어 엄마로 위해 방으로 내려가고 윤수 쌤에게 선타가 왔더라 ‥‥

○○가 / 빠, ○○이가 오빠, 그리고 꺼리대분 ○○이가 키마트 쾌법머리 인호했던 것이 아니라 편한 선샤나라 ~!!

참. ○○아 부산촉이에서 좋은 유고 고고 좋은일보 계속 둘이라고 했다. 멀리에나마 x쌤이 진심으로 축을 축하한다 ~ ^^ ○○
그리고 그런상분 제시 맺 우리측이 좋지않을 ○○가 함께 못해서) 즐겁복 했다 시쌤이 참 레그에게 ○○어 근할을 꼭 알려줄께 ~

끝나. ○○아 첨앞 일에 우리라고 근신함 충신하게 선한 겨기를 바란다.

아신거, 대에 섬가 만난때에는 멋지고 당당한 재복을 입고 있는 모습으로 탐관한 우리 ○○를 생각하며 언니너라도 항상 겨료한께 ~

____. 1. 3 (금) 한밤 흥분하는 시점에서
           우리다 ○○를 생각하며

(출처 : pixabay)

V장.
학급 경영 및 수업 참고 양식

1. 학급 구성원 1인 1역할

역할	인원	성명
게시판 정리	1명	
휴대폰 수거	1명	
출석표 챙기기	1명	
체온 측정	1명	
학급 온도계(협동학습)	1명	
칠판 정리	2명	
우유 배달	2명	
유리창 닦기(복도)	2명	
유리창 닦기(운동장)	2명	
분리 수거 및 쓰레기통 정리	3명	
교실 쓸기	3명	
교실 닦기	3명	
복도 청소	1명	
특별 구역 청소	3명	

2. 학생 신상 파악 및 연락처

반	번호	이름	진로	출신중	입학 성적	전화번호			우편 번호	주소	비고
						학생	부	모			

3. 나의 다짐 계획서 〈담임 교사용〉 결심 문장 만들기

2011학년도 1학기 나의 다짐

나의 슬로건
늘 감사하는 마음 !!

2학년에는 1학년보다 의미 있는 시간을 보내고 싶습니다.
나는 교사로서 다음과 같은 다짐을 합니다.

■ 수업시간에(교과 지도)
1. 나는 좀 더 학생들에게 웃음을 주는 노력을 하고자 합니다.
2. 나는 늘 학생들의 입장에서 생각하고자 합니다.
3. 나는 협동학습을 학급당 한 학기에 최소한 2회 이상 하고자 합니다.

■ 담임으로서(생활지도 및 학급 운영)
1. 나는 학생들에게 꿈을 주는 선생님이 되고자 최선을 다하고자 합니다.
2. 나는 2학년 문화탐방과 학교생활에서 학생들에게 즐거운 추억을 전하고자 합니다.
3. 나는 학생들에게 기억에 남는 선생님이 되고자 노력하고자 합니다.

■ 개인적으로(개인생활/ 가정생활/ 학교생활)
1. 나는 늘 감사하는 마음으로 생활하고자 합니다.
2. 나는 건강을 위하여 일주일에 2회 이상 운동에 시간을 투자하고자 합니다.
3. 나는 가족과 부모님에게 좋은 아빠와 좋은 아들이 되기 위해 최선을 다하고자 합니다.

2011년 3월 2일 아이들과 함께 새로운 날을 출발하며
이름: _____ (서명 _____)

4. 나의 다짐 계획서 〈학생용〉 결심 문장 만들기

2011학년도 1학기 나의 다짐

나의 슬로건

2학년에는 1학년보다 의미 있는 시간을 보내고 싶습니다.
나는 학생으로서 다음과 같은 다짐을 합니다.

■ 학교 등교 후 조회 및 수업시간에(학습 교과 준비)
1. 나는 _____ 하고자 합니다.
2. 나는 _____ 하고자 합니다.
3. 나는 _____ 하고자 합니다.

■ 일과 후에(진로 준비)
1. 나는 _____ 하고자 합니다.
2. 나는 _____ 하고자 합니다.
3. 나는 _____ 하고자 합니다.

■ 개인적으로(개인생활/ 가정생활/ 학교생활)
1. 나는 _____ 하고자 합니다.
2. 나는 _____ 하고자 합니다.
3. 나는 _____ 하고자 합니다.

2011년 3월 2일 새로운 날을 학급 친구들과 출발하며

이름: _____ (서명 _____)

5. 진로 희망 사항 및 진로 관리 양식

진로 희망 사항 (　)학년 (　)반 담임 교사: 2011-03-02					
번호	이름	특기 또는 흥미	진로 선택 이유(간략하게)	진로 희망	
				학생	학부모

학생 진로 관리 (　)학년 (　)반 담임 교사: 2011-03-02							
번호	이름	진학		취업		기타 (미결정, 군입대 등)	비고 (구체적인 희망 분야)	
		4년제	2년제	동일계	비동일계		대학명 (취업명)	학과명

6. 진로 결정 및 직업 희망분야 조사

(3)학년 (　)반 (　)번 성명:

(1) 자신의 진로 결정 및 희망 직업(□칸에 √표시)

진로 희망	□ 진학	□ 2년제 대학	□ 4년제 대학
	□ 취업	□ 전공 분야	□ 비전공 분야
현재 전공	(　　)과	희망 직업	(　　)

※ 희망 직업란에는 공업, 농업, 상업 등 추상적인 직업보다는 다음과 같은 구체적인 직업을 명시 바랍니다(그래픽 디자이너, 헤어 디자이너, 자동차 정비사, 환경 기술자 등).

(2) 이 직업을 선택한 이유?

(3) 이 직업을 갖기 위해 준비해야 할 것은?
(이 직업에서 요구하는 지식과 능력 등을 작성)

1)

2)

3)

(4) 이 직업이 하는 구체적인 업무 조사
(인터넷이나 도서관 자료를 이용하시기 바람).

7. 학급 경영 사안 조사

(3)학년 (　)반 (　)번 성명:

본 내용은 학급 경영을 위하여 조사하는 것이 목적이므로 신중하고 솔직하게 자신의 의견을 표현해 주시기 바랍니다(예, 아니오 란에 ○ 표시).

(1) 학급 내에서 힘이 센 학생이 자신의 옷이나 귀중품을 빌려 달라고 하여 본의 아니게 빌려준 적이 있는지요?
   (예)인 경우 구체적으로 적으세요:

   (아니오)

(2) 학급 내에서 자신의 휴대폰을 빼앗아 사용하는 학생이 있는지요?
   (예)인 경우 구체적으로 적으세요:

   (아니오)

(3) 학급 내에서 힘이 약하다고 자신에게 매점 심부름을 시키는 학생이 있는지요?
   (예)인 경우 구체적으로 적으세요:

   (아니오)

(4) 학급 내에서 힘이 센 학생에게 폭행에 시달린 경우가 있는지요?
   (예)인 경우 구체적으로 적으세요:

   (아니오)

(5) 학급 내에서 힘이 약하다고 급식 시간 중 부당한 행위를 받은 경우가 있는지요?
   (예)인 경우 구체적으로 적으세요:

   (아니오)

(6) 학급 내에서 힘이 센 학생들이 자신의 교과서를 빼앗고 본인은 다른 반에서 빌려오는 경우가 있는지요?
   (예)인 경우 구체적으로 적으세요:

   (아니오)

(7) 1학년 때 있었거나 혹은 2학년을 맞이하여 새 마음가짐으로 출발하려고 하는데 자주 학급의 분위기를 망치는 학생이 있는지요?
   (예)인 경우 구체적으로 적으세요:

   (아니오)

8. 자기 자신을 객관화하기(내가 보는 나)

우리는 자기 자신에 대해 잘 아는 것 같지만 실제로는 그렇지 못한 경우가 많습니다. 자신의 장단점을 올바로 알고 받아들일 수 있을 때 자기 발전이 가능하며 아울러 자기 존중감을 기를 수 있습니다.
자기 자신을 진심으로 사랑할 줄 아는 사람이 이웃도 사랑할 수 있습니다.

◑ 자신의 대표적인 장점, 잘하는 일, 자랑거리 등을 찾아 써 봅시다.

◑ 위 내용 중 대표적인 것 하나를 골라 이를 더욱 발전시킬 수 있는 방법이나 노력을 생각해 봅시다.

◑ 자신의 단점, 부족한 점, 고쳐야 할 점 등을 찾아 써 봅시다.

◑ 위 단점 중 하나를 골라 이를 극복하고 개선할 수 있는 방법을 생각해 봅시다.

----

9. 자기 소개 및 공통점 파악하기(꼬마 출석부 작성하기)

(1) 이름:

(2) 자신이 사는 곳(동 이름):

(3) 예쁜 별칭:

(4) 내가 잘하는 것 1가지:

(5) 장래 희망 직업:

(6) 나를 표현할 수 있는 형용사 3가지:

(7) 선생님께 바라는 점:

(8) 연락처(H.P):

(9) 나의 성격(표시하기)

꼼꼼하다		감정이 풍부하다		혼자 있는 시간이 많다	
소심하다		좋아하는 것에 잘 몰두한다		문자를 많이 보낸다	
게으르다		친구관계가 좋다		친구관계가 넓다	

※ 신학기 초 진로 활동 시간을 활용하여 모둠별로 작성 및 발표를 실시한 후 학급 담임 교사가 나중에 학생들의 인적사항을 파악 및 정리할 때 좋은 자료임.

10. 감사 노트 작성

창문 열기(돌아가며 쓰기 & 이야기하기 협동학습 구조)

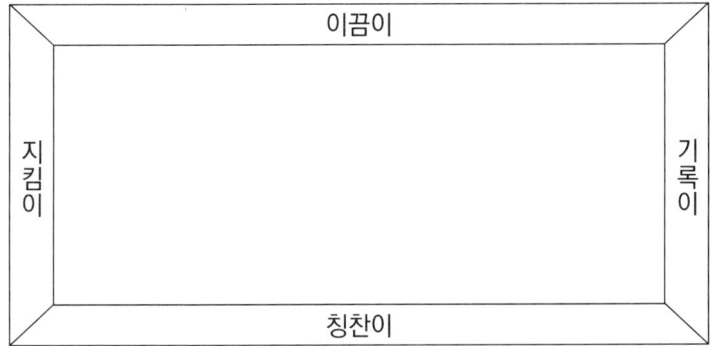

※ 한 모둠당 4명으로 구성하고 창문 열기 모양의 빈칸에 이끔이부터 오른쪽으로 돌아가면서 감사한 일 쓰기(이끔이부터 감사한 내용을 1가지씩 오른쪽으로 돌아가면서 계속적으로 쓰기를 하며 가장 많은 모둠 시상)

※ 창문 열기 모양의 가운데 빈칸에 모둠별 최종 선정 내용을 작성하기 및 모둠별 발표하기
 (이끔이부터 오른쪽으로 돌아가면서 감사한 일을 발표하기)

11. 학급 온도계

12. 진술서(사실 관계 확인서)

		( )학년 ( )반 ( )번 성명( ) (서명)	
학부모 성명		학부모 H.P	
학부모 주소		학생 H.P	

작성일자 20 . . . ( )요일

13. 자성 예언

자성 예언

☞ 다음은 자성 예언들을 모아 놓은 것으로 자신의 꿈을 이루는 데 가장 도움이 될 것으로 보이는 내용을 추천한 것입니다. 올해 2015년 3학년은 여러분의 인생에서 정말 중요한 한 해가 될 것임은 아무리 강조해도 지나치지 않으며 아래의 자성 예언 중 자신이 올 한 해 동안 실천해야 할 가장 중요한 5가지를 정한 다음 마음 속에 새기고 생활해 나가기를 당부 드립니다.

3학년 2반 담임교사 김효석

자성 예언(3학년 2반) 아자~♪ !! 아자~♬ !!

★ 나는 인생의 목표가 있는 사람이다.
★ 나는 원대한 꿈을 가진 사람이다.
★ 나는 행복한 사람이 될 것이다.
★ 나는 하고 싶은 일을 잘 할 수 있다.
★ 나는 끈기가 있는 사람이다.
★ 나는 말보다 행동으로 실천하는 사람이다.
★ 나는 미래를 멋있게 창조할 수 있다.

★ 나는 꿈을 실현하기 위해서 노력하는 사람이다.
★ 나의 운명은 내가 개척한다.
★ 나는 어떠한 경우에도 물러나지 않겠다.
★ 나는 할 일을 찾아서 하는 사람이다.
★ 나는 계획한 일을 실천하는 사람이다.
★ 나는 협동할 줄 알며 봉사하는 사람이다.
★ 나는 다른 사람을 잘 지도하는 사람이다.

(출처 : pixabay)

14. 쪽지 상담 자료(3월)

〈 쪽지 상담 자료 〉

(2013년 3월 OO일)

1학년 2반 (　)번 이름(　　　　)

1. 내가 살아오면서 가장 기뻤던 일, 기억에 남는 일

2. 최근 가장 마음이 아팠던 기억

3. 나의 우리 반에서의 교우관계?
   누구와(　　　　　　　)

4. 부모님과의 관계, 친밀감 정도, 대화 정도

5. 가족 내의 갈등

6. 하교 후에 하는 활동은?
   방과 후 나는 뭘 하는지…
   (학원, TV 시청, 기타 오락, 취미, 나의 알바 경험)

7. 나의 요즘 최대 관심사

8. 나의 요즘 고민은…

9. 공부에 대해, 자격증…
   진로에 대한 생각

10. 교과 선생님들과의 관계
    좋은 점: (　　과목): Why ?

    안타까운 점: (　　과목): Why ?

11. 이성 친구가 있는지, 이성문제…???

12. 내가 가진 열등감 또는 우월감
    (성적, 외모, 가정 형편.…)

13. 1학년 입학 후 우리반에서 금품을 빌려주고 못 받고 있는지, 학교 폭력 혹은 사이버폭력을 당한 일이 있는지? (문자로 알림)

14. 끝으로 선생님에게 꼭 이야기하고 싶은 말은…

15. 자기소개서 양식

자기소개서			
학교명	○○고등학교	이름	○○○
성장 과정			
성격 및 장단점			
학교생활			
지원 동기 및 입사 후 포부			

상기 사항이 사실과 틀림없음을 확인합니다.

작성일 : 2020년 11월 17일
작성자 :   (인)

16. 학급 규칙 세우기(학급 회의록) 양식

〈학급 회의록〉

서기	반장	담임

일시	2004. 03. 24. 1교시	장소	1-2 교실	참석인원	26	기록자	○○○
안건	학교폭력 예방 및 친구 사랑							
출석자	학급회장 외 25명							
안건	Ⅰ. 학교폭력 예방을 위한 방안 및 친구 사랑 1. 폭력 행위를 목격 시 즉시 신고 2. 학교폭력 가해자에 대한 생기부 기록 등의 중요 사항을 인식할 수 있도록 사전 교육의 필요 3. 가해자는 역지사지의 정신으로 피해 학생의 입장에서 생각하고 행동 4. 자신보다 힘이 약한 자에게 심부름시키기, 빵 셔틀 등도 학교폭력에 해당됨을 인식 5. 학교폭력 피해자는 학교폭력을 당했을 경우 담임 교사 혹은 상담 교사에게 자신의 피해 내용을 가급적 최대한 빨리 상담할 것 6. 최근에는 사이버폭력 행위가 증가하는 추세이며 사이버폭력 행위는 가중 처벌됨을 인식 7. 학교폭력으로 인하여 친구 간의 관계가 단절되거나 멀어질 수 있으므로 항상 서로 양보하는 자세로 생활							
결정사항	☐ 위의 취합된 토의사항을 1학년 2반 안건 토의사항으로 채택함							

17. 신학기 초 사물함 명찰

1번 ○○○	2번 ○○○	3번 ○○○	4번 ○○○
5번 ○○○	6번 ○○○	7번 ○○○	8번 ○○○
9번 ○○○	10번 ○○○	11번 ○○○	12번 ○○○
13번 ○○○	14번 ○○○	15번 ○○○	16번 ○○○
17번 ○○○	18번 ○○○	19번 ○○○	20번 ○○○
21번 ○○○	22번 ○○○	23번 ○○○	24번 ○○○
25번 ○○○	26번 ○○○	27번 ○○○	28번 ○○○
29번 ○○○	30번 ○○○	31번 ○○○	32번 ○○○

18. 20년 후의 일기 쓰기

(1)학년 (10)반 (　　)번
성명(　　　　　)

◐ 20년 후의 나의 일기 ◑

　20년 후, 여러분은 과연 어디에서 어떤 모습으로, 어떻게 살고 있을까요? 20　　년　　월　　일의 일기를 최대한 구체적으로 자세하게 적어 봅시다. 20년 후 여러분의 모습이 머릿속에 떠오를 수 있도록 섬세하게 적어 주세요. 그리고, 그 과정에 대해서도 구체적으로 떠올려서 일기에 적거나 보충 메모로 남겨 주세요.

19. 원소 주기율표 친해지기

$^{1}_{1}H$	〈원소 주기율표, 원자번호 20번까지 암기법〉						$^{4}_{2}He$
$^{7}_{3}Li$	$^{9}_{4}Be$	$^{11}_{5}B$	$^{12}_{6}C$	$^{14}_{7}N$	$^{16}_{8}O$	$^{19}_{9}F$	$^{20}_{10}Ne$
$^{23}_{11}Na$	$^{24}_{12}Mg$	$^{27}_{13}Al$	$^{28}_{14}Si$	$^{31}_{15}P$	$^{32}_{16}S$	$^{35.5}_{17}Cl$	$^{40}_{18}Ar$
$^{39}_{19}K$	$^{40}_{20}Ca$						

20. 수업 설문 조사

2학기 공업화학 수업을 마치며

(1)학년 ( )반 ( )번 성명 ( )

1. 한 학기 동안의 공업화학 수업을 마치며 가장 기억에 남는 단원과 이유를 자유롭게 써 주세요.

〈예시〉 단원 : Ⅲ-3 중화 반응
　　　　이유: 중화 반응의 원리를 이해하였으며 중화 반응을 이용한 중화 적정을 실제로 실험 실습을 통하여 구체적으로 익힘으로서 배움의 기쁨을 느꼈습니다.

◆ 단원:

◆ 이유:

2. 공업화학 수업을 받으면서 선생님의 수업 지도 방식 중 좋은 점과 나쁜 점을 각각 3가지씩만 이야기해 주세요.

◆ 좋은 점:

◆ 나쁜 점:

3. 내년도 학교생활이나 화학 분석 수업을 대비하여 선생님께 이야기하고 싶거나 건의사항이 있으면 서슴없이 이야기해 주세요.

에필로그

 교육의 왕도를 찾기 위하여 지금 이 순간에도 수많은 초임 선생님들이 진지하게 고민을 많이 하고 계실 것이다.
 교사가 학생들을 교육할 때 어떻게 하는 것이 가장 현명한 지도방법일까?
 학생들에게 무엇을 가르쳐야 교육적으로 큰 목적을 달성할 수 있을까?
 아마 학교에 교사로 부임하고 약 5년 정도 많은 신임 선생님들은 이 문제의 해답을 찾으려고 많은 고심을 하였을 것이다. 그러나 우리 학생들의 교육을 담당하는 각 선생님들의 교육관과 경험 및 개성의 차이로 인하여, 획일적으로 '이렇게 하는 것이 최선의 교육적 방법이다'고 확정 지을 수 있는 교육의 왕도를 발견한다는 것은 불가능할 것이다. 각 선생님마다 다양한 장점과 특색의 내공을 간직하고 있는 경우를 쉽게 찾아볼 수 있으며, 이상 여기서 소개한 모든 선생님들에게서 발견할 수 있는 공통된 특징은 바로 학생들에 대한 끝없는 열정(passion)이라는 사실을….
 초임 교사에게도 열정은 있지만 그것을 효과적으로 발휘하게 할 방법적인 면이 서투르기 때문에, 어느 학교이든지 열정적이고 능동적인 교사는 대부분 교사 경력을 약 5년여 이상 갖춘 선생님들에게서 쉽게 발견할 수 있다.

따라서 어떤 학교, 혹은 어떤 학급이든지 간에 그 조직 전체가 발전적인 방향으로 나아가려면 이러한 열정적인 태도를 가지고 있는 선생님들이 많을수록 좋다. 열정적인 선생님의 수가 많을수록 그 학교의 교직 문화는 분명히 긍정적인 방향으로 나아갈 수 있을 것이다.

교직 발령을 받고 처음 그 학교로 출근한 신임 교사들이 선배 멘토 교사들의 이러한 뜨거운 열정적인 자세를 수시로 마주치게 될 때, 그들 역시 몇 년 후에는 자신도 모르는 사이에 선배 교사들을 점점 닮아 가게 될 것이다.

나는 열정의 또 다른 이름을 노력과 성실이라고 생각한다.

하루 5~6시간 이상의 교과 수업으로 지친 상태임에도 불구하고, 종례를 실시한 후에 학급 학생들을 상대로 교무실에서 진지하게 상담 지도하고 계시는 담임 교사들의 모습은 얼마나 아름답고 멋진가!! 우리 학생들에 대한 열정이 있기에, 피곤함을 무릅쓰고 담임 교사로서 오늘도 자신의 역할을 묵묵히 수행해 나가고 있지 않을까~^^